绍兴文理学院出版基金资助

全球价值链下中国城市发展研究

张松林　著

中国财经出版传媒集团
中国财政经济出版社

图书在版编目（CIP）数据

全球价值链下中国城市发展研究 / 张松林著. --北京：中国财政经济出版社，2020.6
ISBN 978-7-5095-9713-2

Ⅰ.①全… Ⅱ.①张… Ⅲ.①城市经济-经济发展-研究-中国 Ⅳ.①F299.21

中国版本图书馆 CIP 数据核字（2020）第 040696 号

责任编辑：牛婧丽　　　　责任校对：李　丽
封面设计：孙俪铭

中国财政经济出版社出版
URL：http：//www.cfeph.cn
E-mail：cfeph @ cfeph.cn

社址：北京市海淀区阜成路甲 28 号　邮政编码：100142
营销中心电话：010-88191537
北京财经印刷厂印刷　各地新华书店经销
787×1092 毫米　16 开　10.75 印张　189 000 字
2020 年 6 月第 1 版　2020 年 6 月北京第 1 次印刷
定价：38.00 元
ISBN 978-7-5095-9713-2
（图书出现印装问题，本社负责调换）
本社质量投诉电话：010-88190744
打击盗版举报热线：010-88191661　QQ：2242791300

摘　要

随着经济全球化，国际分工的分工形态演进为以价值链分工为主，这种分工形式不仅表现为链条之间的分工，而且表现为各个链条在城市之间的分工，其中，高端生产环节一般分布在全球城市，而低端生产环节基本分布在一般城市。正是在这种背景下，全球价值链理论和全球城市理论在学界不断活跃起来。但前者脱离城市的研究注定其不可能构建统一的空间逻辑，而后者忽视一般城市的研究使其难以对价值链分工的形成机制构建内在统一的逻辑框架。另外，随着改革开放，中国城市也不断融入全球价值链，但其中绝大多数城市仍然属于一般城市，这就要求学界必须深入研究一般城市在全球价值链下的发展机制。同时，2008 年的金融危机也迫使中国不得不重视东部一些城市在全球价值链下的转型。基于此，本书借助新兴古典经济学的超边际分析方法，试图以全球价值链理论和全球城市理论的交叉点为切入点，从分工演进的角度构建一个比较系统的关于全球价值链下全球城市和一般城市共同发展的理论框架，并据此演绎出中国城市在全球价值链下发展的总体思路及具体路径。

全书的结构安排如下：

第 1 章为绪论。该章阐述本书的选题背景与研究意义、核心概念、逻辑思路与研究方法、研究思路与研究内容以及可能的创新点。

第 2 章为文献综述。该章主要回顾和评述的相关文献包括城市产生与发展的主要学说，以及全球价值链理论与全球城市理论的主要研究内容。

第 3 章至第 8 章为本书的核心部分。根据研究内容，将这些章节划分为三个部分。

第一部分为全球价值链下城市发展的理论研究，该部分包括第 3 章至第 6 章。其中，第 3 章运用超边际分析及一般均衡方法，通过建立一个新兴古典模型来探索城市产生与发展的一般规律。第 4 章在第 3 章的基础上，进一步建立相关的新兴古典模型来研究一般城市和全球城市之间的内在联系，从而厘清全球价值链的空间逻辑。第 5 章利用第 4 章的基本模型推导出不同类型的城市在全球价值链下的发展规律。第 6 章在理论分析的基础上进行对应的实证检验。

第二部分重点研究全球价值链下中小城市的发展问题。该部分为第7章，该章以分享经济为切入点研究全球价值链下中小城市发展机制。

第三部分为政策启示，为第8章。该章在理论研究和实证分析的基础上，演绎出中国城市在全球价值链下发展的大国优势，并据此提出中国城市在全球价值链下发展的总体思路及具体路径。

第9章对全书结论进行总结，并展望下一步的研究。

本书的创新主要包括以下三个方面：

(1) 运用超边际分析方法，对全球价值链中各个链条本身的分工及其在城市之间的分工进行研究，完善了全球价值链的空间逻辑关系，并在此基础上厘清了全球价值链下城市发展的内在机理。这不仅弥补了全球价值链理论对城市研究的忽视，而且也为全球价值链下城市发展提供了一定的理论基础。

(2) 把研究视角从全球价值链延伸到大国国内价值链，提出了大国国内价值链对全球价值链下城市发展所具有的大国优势，并具体分析了这一优势在具有大国经济特征的中国的适用性。这一研究丰富了大国经济的一般理论，也为作为发展中国家的中国在全球价值链下的城市发展提供了独特的思路。

(3) 明确了外生以及内生的城市间交易效率对全球价值链下城市发展的不同作用，特别是提出了“节点城市”的节点作用在提高内生的城市间交易效率上所具有的累积效应。这拓展了全球价值链下城市发展问题研究的深度与广度，同时也有助于人们更清晰地把握中国城市在全球价值链下发展的路径及其过程。

目　录

第1章

绪　　论

1.1 选题背景与研究意义

1.1.1　现实背景与意义

与历史时期主要以产品为基本对象的国际分工形态相比，当代国际分工呈现出一个引人瞩目的特征，即许多产品生产过程包含的不同工序和区段被拆散后，在空间上分布和展开到不同国家去进行，形成以工序、区段、环节为对象的分工体系（卢锋，2004）[①]。在这种分工体系中，一个完整的商品生产流程被分割成若干阶段，各个阶段具有不同的增值能力，这些连续的、可分割的增值阶段构成了完整的全球价值链（Global Value Chains，GVC），研发、设计、营销以及核心部件生产等高增加值阶段对应于价值链的高端环节，而原材料供应、加工组装以及简单部件生产等低增加值阶段则对应于价值链的低端环节（唐海燕、张会清，2009）[②]。当然，全球价值链的各个生产环节在全球范围内的分布具有一定的空间特征。其中，一个显著的特征是高端生产环节基本集聚于发达国家的大型城市，而低端生产环节基本集聚于一般城市[③]特别是分布于各个发展中国家的一般城市。由此可见，正是依托于内在统

① 卢锋．产品内分工［J］．经济学（季刊），2004，4（1）：55—82.

② 唐海燕，张会清．产品内国际分工与发展中国家的价值链提升［J］．经济研究，2009（9）：81—93.

③ 本书的一般城市是与全球城市相对来说的，在全球价值链中，一般城市主要从事低端生产环节。

一的全球价值链，全球范围内的城市可以形成紧密的联系。

Jones 和 Kierzkowski（1990）[①] 把全球价值链下的生产方式称为“零散化生产（Fragmented Production）”，这种“零散化生产”需要生产性服务加以“黏合”，并且“零散化生产”对生产性服务的这种需求随着分割程度的加深而增多。Sassen（1991）[②] 指出，生产性服务倾向于在城市集聚，随着生产活动的不断分散，集聚在一起的生产性服务就越多，最终使作为“全球服务中心”的全球城市[③]得以出现。Castells（1996）[④] 认为全球城市不是由其内部特征所界定，而是由其在全球“流的空间（Space of Flows）”中的战略地位所界定，并指出全球城市是“全球网络”上的关键节点。Hall（1996）[⑤] 也认为全球城市是通过多种连接与世界经济保持联系的节点[⑥]。Taylor（2001）[⑦] 进一步指出，全球城市的不断出现最终会促进全球城市网络的形成，而这种全球城市网络就是以世界经济规模进行运作的。由此可见，全球城市网络是协调全球价值链的一种空间组织形式。其中，跨国公司是建立这种空间组织形式的微观主体，它们把高端生产环节（以高级生产性服务为主）集聚于全球城市，从而形成以生产性服务为主的总部经济，并通过这种总部经济来协调分散分布于全球范围内各个城市中的各种生产环节。现实中，世界 500 强跨国公司几乎无一例外地都采用以生产性服务为主的总部经济模式。例如，美国通用电气公司的总部设在纽约，而它所拥有的近 500 家下属企业则分布在全球五大洲的国家和地区。其中，分布在美国、欧洲、拉丁美洲、澳洲和亚洲地区的企业数量分别是 300、40、30、10 和 50 多家（苏雪串，2009）[⑧]。

---

① JONES R W, KIERZKOWSKI H. The role of services in production and international trade: a theoretical framework [M] // JONES R W, KRUEGER A. The political economy of international trade. Oxford: Basil Blackwell, 1990: 31 – 48.

② SASSEN S. The global city: New York, London, Tokyo [M]. New Jersey: Princeton University Press, 1991.

③ 学界也提出世界城市、国际城市和信息城市等多种名称。为了更好地说明，本书统一称为全球城市。需要说明的是，本书提到的全球城市是指在全球价值链中高度集聚高端生产环节的城市。

④ CASTELLS M. The rise of network society [M]. Oxford: Blackwell, 1996.

⑤ HALL P. The global city [J]. International Social Science Journal, 1996, 48 (147): 15 – 24.

⑥ 即节点城市。需要指出的是，本书在分析过程中提到的节点城市并不一定是全球城市。在本书中，那些能够在全球价值链下提高城市之间内生交易效率的城市都可以看作节点城市。这些城市之所以能够提高城市间内生的交易效率，一方面是因为它们集聚高端生产环节，而一些高端生产环节具有协调、管理和控制生产的功能，比如跨国公司的总部就可以整合分散于全球各个城市的生产环节，进而提高城市间内生的交易效率；另一方面，在高端生产环节中的营销环节本身的一个重要功能就是提高城市间内生的交易效率。其中，全球城市是高级的节点城市。

⑦ TAYLOR P J. Specification of the world city network [J]. Geographical Analysis, 2001, 33 (2): 181 – 194.

⑧ 苏雪串. 论世界城市的经济功能 [J]. 学习与实践，2009 (4)：35—39.

改革开放以后，受经济全球化的影响，中国一些城市（主要是沿海城市）通过加工贸易快速融入全球价值链。例如，1980—2002年，中国加工贸易年均增长速度高达27%，是世界贸易增长率的四倍以上，是中国非加工贸易平均增速的两倍（卢锋，2004）[①]。毫无疑问，这种融入全球价值链的方式对中国的城市发展具有重要意义。改革开放初期，在邓小平的亲自主持下，东部沿海地区设立了4个经济特区，随后又开放了14个城市，从而创造了与中西部地区不同的体制与政策环境（裴长洪，2009）[②]。东部沿海地区的诸多城市正是凭借这一制度优势以及独特的地理位置率先融入全球价值链。而中西部城市却基本被甩在全球价值链之外。这种格局造成中西部地区只得源源不断地向东部地区输送廉价劳动力和自然资源（刘志彪、张少军，2008）[③]，进而使中西部城市从全球价值链中得到的收益非常有限。更为重要的是，在这种格局下，由于东部城市只是与国外一些城市在全球价值链下进行价值链分工[④]，而中西部城市基本未参入全球价值链，所以东部城市和中西部城市之间难以形成价值链分工，从而在国内难以形成统一的价值链[⑤]。当然，这也不利于在国内形成依托于国内价值链的统一的城市系统。

东部城市融入全球价值链的方式并非完美无缺，也存在以下弊端：

（1）东部城市利用国际代工融入全球价值链的方式不仅限制它们之间进行价值链分工，而且加剧了它们的竞争。首先，“两端在外”的生产网络使两者失去了合作的动力，反而引起两者的竞争。其次，在融入全球价值链的过程中，代工企业与国际主导企业在全球价值链纵向上进行分工，但与国内其他产业内企业形成了横向分工，它们之间形成的竞争关系强于合作关系（刘志彪、于明超，2009）[⑥]。最后，东部城市在融入全球价值链时基本都是依靠劳动力成本的比较优势，而同样的比较优势自然使它们在全球价值链分工中引入同样的生产环节，从而导致城市之间在引入生产环节上的竞争。

（2）东部城市在融入全球价值链的过程中，不利于高级生产性服务在国内城市的高度集聚，这主要缘于以下三个方面：首先，建立在低端要素环节上的制造中心地位无法积累和嵌入高级要素，只能使总部经济的生产性服务

① 卢锋．产品内分工［J］．经济学（季刊），2004，4（1）：55—82.

② 裴长洪．中国开放型经济建立的经验分析：对外开放30年的总结［J］．财经问题研究，2009（2）：3—10.

③ 刘志彪，张少军．中国地区差距及其纠偏：全球价值链和国内价值链的视角［J］．学术月刊，2008（5）：49—55.

④ 在本书中，价值链分工与产品内分工属于同一种分工，两者可以互换。

⑤ 这样的价值链即学界提到的国内价值链。

⑥ 刘志彪，于明超．从GVC走向NVC：长三角一体化与产业升级［J］．学海，2009（5）：59—67.

功能游离于中国之外的发达国家，尤其是集聚于这些国家的大型城市（刘志彪、张少军，2009）①；其次，在外资代工制造业中，跨国公司形成了一种封闭的网络生产体系，制造业增加值中很大一部分是由 FDI 企业创造的，在这种封闭网络体系下，FDI 形式的制造业的繁荣并不对本土高级服务业产生市场需求（江静、刘志彪，2009）②；最后，加工贸易主导的贸易结构割裂了制造业和生产性服务的产业关联，代工制造业发展不仅没有形成对生产性服务的有效需求，反而在要素获取方面与服务业形成竞争，进而制约了生产性服务的发展（江静、刘志彪，2010）③。由于全球价值链的高端环节主要包括高级生产性服务，而全球城市是高级生产性服务的集聚地，所以东部城市融入全球价值链的方式不利于其中的企业进行升级，也不利于其发展成为全球城市。

（3）东部城市融入全球价值链的方式具有内在的风险性。国际关系错综复杂，这使不同国家城市之间的交易效率具有较高的不确定性，从而给这些城市之间的价值链分工带来较高风险。这就意味着不同国家城市之间的价值链分工并不是一劳永逸的事情，它会受到国际各种关系的影响。东部城市仅仅通过与国外的一些城市形成价值链分工参入全球价值链自然存在内在的风险。事实上，东部城市已经遭遇了这样的风险。例如，2008 年金融危机爆发以后，中国与美国等国家之间的贸易摩擦不断升级，给中国的加工贸易带来一定的负面冲击。

随着东部城市的经济发展，其在全球价值链下所面临的转型压力也越来越大。一方面，东部城市融入全球价值链的发展模式主要依靠出口，而中国面临着巨大的出口压力。根据 WTO 统计，中国遭遇的贸易摩擦有增无减，在 2008 年金融危机期间，中国被反倾销与反补贴立案调查的数量分别占全球总数的 35% 和 71%，至 2010 年，中国连续 14 年成为遭遇反倾销调查最多的成员（马野青，2010）④。另一方面，随着东部城市的经济发展，其土地和劳动力等成本不断上升，在承接低端生产环节上与其他发展中国家的一些城市相比已不具优势。如东南亚地区不仅拥有低劳动力成本、投资的税收优惠以及

① 刘志彪，张少军．总部经济、产业升级和区域协调：基于全球价值链的分析 [J]．南京大学学报（哲学·人文科学·社会科学），2009（6）：54—62.

② 江静，刘志彪．政府公共职能缺失视角下的现代服务业发展探析 [J]．经济学家，2009（9）：31—38.

③ 江静，刘志彪．世界工厂的定位能促进中国生产性服务业发展吗 [J]．经济理论与经济管理，2010（3）：62—68.

④ 马野青．产品内分工视角的中国外贸顺差及其利益分析 [J]．世界经济与政治论坛，2010（1）：27—36.

港口众多等优势，而且无欧盟和美国反倾销的压力（曹力维、易峥、何波，2010）[①]，这些地区的一些城市给东部城市的加工贸易造成了巨大的压力。

城市的经济发展不仅意味着城市自身的发展，而且也决定着农村的经济发展，正如雅各布斯（2007）[②] 所说的，包括农业劳动在内的农村经济乃是直接建立在城市经济的基础之上的。因此，城市的经济发展决定着一国的经济发展。实际上，改革开放后的 30 多年中，中国国民经济活动的主要空间载体就在城市，城市经济在很大程度上决定国民经济数量与质量的变化（裴长洪、李程骅，2010）[③]。然而，由上述分析可知，中国城市在融入全球价值链的过程中却存在诸多问题。同时，当前的东部城市在全球价值链模式下正面临着巨大的转型压力。这就迫切要求理论界厘清全球价值链下城市发展的内在机制，为中国城市如何融入全球价值链以及在全球价值链下如何转型等问题提供理论依据。

1.1.2　理论背景与意义

经济全球化是我们这个时代最显著的特征之一。正如著名的经济地理学家迪肯（2007）[④] 所说："当第二个千年落下帷幕、新的千年开始之时，流行语是全球化。"随着经济全球化，很多学者都不约而同地加入有关全球化的学术研究，特别是到了 20 世纪 90 年代，相关研究的数量突飞猛进。例如，迪肯（2007）[⑤] 基于《社会科学引用索引》，统计题目中带有"全球的"或"全球化"的书籍和学术论文的数量，发现从 1980 年到 1984 年的此类出版物只有 13 篇（本），但从 1992 年到 1996 年的此类出版物几乎达到 600 篇（本），且仅 1996 年就有 200 篇（本），超过 20 世纪 80 年代所有此类出版物总和的两倍以上。正是在这一背景下，全球价值链理论和全球城市理论迅速发展起来。这两种理论的分析基础都是产品内国际分工。它们之间的具体联系如下：随着经济全球化，国际分工演进到产品内国际分工，此时，一个产品的各个生产环节被分离开来并散布到全球不同的空间区位，每个生产环节都依托相

① 曹力维，易峥，何波．产业转移与重庆市产业发展路径研究［J］．城市规划，2010，34（2）：84—88.

② 雅各布斯．城市经济［M］．项婷婷，译．北京：中信出版社，2007.

③ 裴长洪，李程骅．论我国城市经济转型与服务业结构升级的方向［J］．南京社会科学，2010（1）：15—21.

④ 迪肯．全球性转变：重塑 21 世纪的全球经济地图［M］．刘卫东，等译．北京：商务印书馆，2007.

⑤ 迪肯．全球性转变：重塑 21 世纪的全球经济地图［M］．刘卫东，等译．北京：商务印书馆，2007.

应的价值链，所有空间区位的价值链协调起来就组成了统一的全球价值链；在各个价值链分散分布于全球范围内的不同空间区位的过程中，以生产性服务为主的高端生产环节都不约而同地高度集聚于全球中的大型城市，使这些城市逐渐演化为全球城市。尽管这两种理论之间存在内在的逻辑关系，但是它们的发展一直以来基本是相互独立的。这样的发展历程使这两种理论不可避免地存在某些缺陷。

对于全球价值链理论来说，其主要的缺陷之一是缺乏空间性。虽然全球价值链理论认识到了价值链在空间上的片断化，但是其脱离城市的研究注定其不可能构建统一的空间逻辑。这是因为全球价值链的空间性主要体现在城市上，各个生产环节在全球范围内不同城市的分布具有显著的规律性，即低端生产环节大多分布于一般城市，特别是发展中国家中的一般城市，而高端生产环节基本分布在大型城市，特别是发达国家中的全球城市。例如，中国诸多沿海城市主要从事以劳动密集型加工组装为主的低端生产环节，而研发、设计以及营销等高端生产环节基本都在发达国家的大型城市。对于全球城市理论来说，其忽略对一般城市的研究注定了其不能构建内在统一的理论框架。由于全球价值链中的各个生产环节是相互联系的，而各个生产环节有规律地分布于一般城市与全球城市中，所以一般城市与全球城市之间必然存在紧密的联系，不能把两者割裂开来而只是对全球城市进行具体的研究。

这两种理论还存在一个相似的缺陷，即它们对低端生产环节的研究都显得不够。在全球价值链理论中，由于处于低端生产环节的加工企业面临产品层次低、技术水平低、进入门槛低和企业利润低等内在劣势，所以很多学者都把目光转向加工企业的升级研究上。但是，加工企业的出现是产品内国际分工的结果。在这种分工形态中，每个生产环节都是相互依存的，不能厚此薄彼。试想，如果没有从事低端生产环节的企业，仅仅从事高端生产环节的企业能够存在吗？不可否认，从事高端生产环节的企业可以获取高额利润，但是这些企业所走过的道路从来都不是一帆风顺的，如当今日本能在全球市场上扮演主宰地位的产业，通常都有 10 家以上的本国企业相互厮杀（波特，2003）①。因此，人们不能一味地追求企业的升级。实际上，中国本土企业在参与产品内国际分工中采用低端的加工生产模式是一种内生性的理性选择。通过大规模地创建具有自主知识产权的国际品牌来实现中国经济整体的产业

① 波特．竞争论［M］．戴春平，译．北京：中信出版社，2003.

升级，目前这个阶段还没有真正地全面到来（刘志彪，2005）①。陈宏辉和罗兴（2008）② 对316份来自广东省制造型企业调查问卷的实证分析也得出，那种简单地认为"贴牌"模式（处于低端生产环节）是一种过时的战略选择而应摒弃，从而迅速树立自己品牌的看法是站不住脚的。既然如此，学界就不能过度关注如何摆脱低端生产环节，而是重点考虑发展中国家的企业如何在这些环节上取得竞争优势。

然而，在全球城市理论中，很多学者在构建全球化、信息化与全球城市之间的逻辑关系时，只是关注处于高端生产环节的高级生产性服务的部分，并且将这一部分视为可以自成体系的，即基于生产性服务内部网络的全球城市网络（周振华，2008）③。但是，这些生产性服务的存在很大程度上就是用来服务低端生产环节的，且全球城市网络也是用来协调分布于全球各地的各个生产环节的。因此，全球城市理论必须把低端生产环节纳入自己的理论框架。

由于一个产品的低端生产环节基本分布在一般城市，而高端生产环节基本集聚于全球城市，所以一般城市的增长源泉是低端生产环节。然而，目前主流文献普遍忽视低端生产环节的研究，从而造成对全球价值链下一般城市的发展问题研究不够。本书认为，在全球价值链下，城市的发展具有动态性，不同的城市在不同的阶段根据自身条件选择从事不同的生产环节，且每一个处于高端生产环节的全球城市也都是由处于低端生产环节的一般城市内生转化而来的。依据这种思路，人们如果想研究全球城市的起源问题，就必须从一般城市的发展机制中寻找答案。同时，由于一个产品的各个生产环节之间存在紧密的联系，所以一般城市和全球城市之间也必然存在紧密的联系。这说明全球城市的发展也离不开一般城市，人们应该从它们之间的联系中探索全球城市的发展机制。因此，与主流文献仅仅关注全球城市的发展不同，本书将研究视角从全球城市延伸到一般城市，试图从这一切入点来研究这两种类型的城市在全球价值链下选择不同生产环节的内在机理，以厘清全球价值链的空间逻辑，从而在全球价值链下探索城市发展的实现机制。

---

① 刘志彪. 全球化背景下中国制造业升级的路径与品牌战略［J］. 财经问题研究，2005（5）：25—31.

② 陈宏辉，罗兴. "贴牌"是一种过时的战略选择吗：来自广东省制造型企业的实证分析［J］. 中国工业经济，2008（1）：96—104.

③ 周振华. 崛起中的全球城市：理论框架及中国模式研究［M］. 上海：上海人民出版社，格致出版社，2008.

1.2 核心概念界定

核心概念的界定有利于在理论分析过程中把握问题的针对性。本书专注于全球价值链下城市发展的内在机制，这将涉及全球价值链、交易效率、分工演进、城市以及城市发展等核心概念。因此，在本书研究之前，需要对这些概念进行界定和说明。

1.2.1 全球价值链

对于全球价值链的概念，虽然许多学者都给出了不同的界定，但都赞同以下定义，即全球价值链是一种全球性企业网络组织，通过连接生产、销售以及回收处理等过程来实现商品或服务价值，其涉及从原料采集和运输、半成品和成品的生产和运储、成品的生产和销售，直至最终消费和回收处理的全过程（张岩贵、陈晓燕，2009）①。

正是全球价值链一词中加了“全球”两字，而“全球”是一个空间单位，所以全球价值链自然而然具有空间性。在全球价值链中，组成整条链的各个链条有规律地分布于全球各个城市，以形成统一的价值链。这种统一性主要表现在两个方面：①各个链条本身之间的统一性；②依托各个链条形成价值链分工的城市相互之间的统一性。本书认为，如果这些城市之间不具有这种统一性，那么全球价值链中各个生产环节之间的分工只能在一个城市内部进行，当然这也不再是全球价值链，而是“城市内部价值链”。因此，处于全球价值链分工的城市可被看作一个个“链条集聚点”，它们本身组成了一个统一的空间分工网络。依据这种思路，本书认为，全球价值链从本质上说就是一种分工体系，既意味着链条之间的分工网络，也意味着城市之间的分工网络。

1.2.2 交易效率

交易效率是新兴古典经济学中的一个核心概念，与交易成本存在密切的联系。由于交易的范围难以鉴定，所以对交易效率很难下一个一般性的定义。

① 张岩贵，陈晓燕．全球价值链与中国制造［J］．世界经济研究，2009（10）：8—13.

尽管如此，人们可以从杨小凯（2003）[①] 对交易效率的形式化说明中对其有一个大体的认识。杨小凯认为，在一个涉及冰山（Iceberg）交易成本的制度下，当经济主体购买一单位的商品时，他实际只能得到 $k(k \in [0, 1])$ 量的商品，这意味着商品中的 $1-k$ 部分在交易过程中像冰山融化一样消失了。其中，杨小凯把 $1-k$ 视为交易成本系数，把 k 视为交易效率系数。

在本书的理论框架中，分工演进受制于交易效率，即分工组织随着交易效率的不断提高而不断演进。另外，本书把交易效率分解为外生交易效率和内生交易效率。其中，外生交易效率受到外部力量的影响，例如，通过改善交通基础设施可以提高交易效率；内生交易效率受到分工演进的影响，例如，通过价值链分工而出现的营销环节可以显著提高交易效率[②]。

1.2.3　分工演进

斯密于1776年出版的《国富论》开篇就将分工置于经济学这个大厦的基石地位，自此以后的经济学家都无一例外地高度认同分工的重要性，分工理论“享受”到了如数学中公理般的待遇，不曾被人怀疑过（钱学锋、梁琦，2007）[③]。然而，天下没有免费的午餐，进一步的分工必然导致交易成本的出现。新兴古典经济学的一个基本观点认为，只有交易效率提高到一定程度，进一步的分工才会出现。[④] 由此本书把分工演进界定为：随着交易效率的提高而出现的分工深化。

分工有许多种类，本书侧重于全球价值链分工。由于全球价值链分工既是各个链条之间的分工，也是城市之间的分工，所以全球价值链分工的出现必然要求各个链条在城市之间的交易效率提高到一定程度。

1.2.4　城市

城市不仅仅是一个经济学概念，正如英国著名城市经济家巴顿（1986）[⑤]

---

① 杨小凯．发展经济学［M］．北京：社会科学文献出版社，2003.

② 此时，交易效率的提高实际上是一种品牌效应。

③ 钱学锋，梁琦．分工与集聚的理论渊源［J］．江苏社会科学，2007（2）：70—76.

④ 新兴古典经济学以杨小凯、黄有光等经济学家为代表，这一观点存在于他们的许多著作中。杨小凯，黄有光．专业化与经济组织［M］．北京：经济科学出版社，1993；杨小凯．经济学原理［M］．北京：中国社会科学出版社，1998；杨小凯．发展经济学［M］．北京：社会科学文献出版社，2003.

⑤ 巴顿．城市经济学［M］．上海社会科学院部门经济研究所城市经济研究室，译．北京：商务印书馆，1986.

所说："对于城市可以从许多方面——法律的、地形学的、地理学的或经济学的——来下定义。"由于本书只是从经济学角度来研究城市发展问题，所以笔者也只是试图从经济学角度给出城市的定义。许多经济学家都认为，集聚是城市的一个显著特征，如巴顿（1986）[①]、勒施（1995）[②] 以及赫希（1990）[③] 等。这说明从集聚的角度给城市下定义具有一定的合理性，但是并不是任何经济活动都可以集中起来，如农业种植。因此，本书将城市定义为：具有集聚特征的经济活动及其与这些经济活动相关的人口高度集聚的地点。

1.2.5　城市发展

伊文思（1992）[④] 在《城市经济学》一书中提到，在绝大多数讨论中，不论是否是学术性的，城市的发展就意味着人口的增长。他虽然同意这一观点，但同时也认为，城市发展与城市人均收入是联系在一起的，因为一个城市人均收入的任何增加将很快被人口迁入所抑制。由中国社会科学院研究生院城乡建设经济系编的《城市经济学》[⑤] 一书中提到，城市发展包括两个方面的内容：一方面是城市化，即人口向城市适度集中，表现为在一定地域范围内，城市形态和功能不断扩大和发展；另一方面是城市现代化，即城市产业结构不断优化，城市设施更新改造，城市功能不断完善和提高。

由上述研究可知，城市发展的含义是多维度的，具体对城市发展进行定义是非常难的，因此本书不对城市发展下一般性的定义。尽管如此，为了突出研究的针对性，本书只是在分工的维度上来定义城市发展。从本质上来说，本书指的城市发展就是城市在全球价值链下按照比较优势进行价值链分工所获得的分工利得。例如，在本书的分析框架中，某些城市按照自身比较优势融入全球价值链，与其他城市进行价值链分工，进而获得分工利益来提高城市人均收入，从而引起人口增长的现象，就可以看作一种城市发展。需要强调的是，一个城市在融入全球价值链的初期从事低端生产环节而引起人口增长，只要是按照自身比较优势，就可以看作一种城市发展。

---

① 巴顿．城市经济学［M］．上海社会科学院部门经济研究所城市经济研究室，译．北京：商务印书馆，1986.

② 勒施．经济空间秩序：经济财货与地理间的关系［M］．王守礼，译．北京：商务印书馆，1995.

③ 赫希．城市经济学［M］．刘世庆，等译．北京：中国社会科学出版社，1990.

④ 伊文思．城市经济学［M］．甘士杰，译．上海：上海远东出版社，1992.

⑤ 中国社会科学院研究生院城乡建设经济系．城市经济学［M］．北京：经济科学出版社，1999.

虽然本书强调一个城市要发挥比较优势，但是如何确定比较优势却非常重要。本书认为，一个城市应该比较处于全球价值链中的所有城市来选择自己的比较优势，并适时进行调整，同时还要不失时机地通过自身把未处于全球价值链中的城市引入全球价值链，进而延伸自己在全球价值链中的链条，实现比较优势的“升级”。

1.3 逻辑思路与研究方法

1.3.1 逻辑思路

众所周知，在经济发展的过程中，分工演进起着根本性的作用，所以人类经济活动总是不断地追求分工协作。在本书的分析框架中，城市的形成也必须以分工演进为前提条件。在一个自给自足的社会中，每个人必须自己生产农产品，而农产品具有土地密集性，为了从事农业生产，人们不得不分散居住，这种分工形态肯定不会形成城市。只有随着分工演进，一部分人从农业生产中分离出来，即他们不再从事农业生产，初始的城市就会出现。具体的逻辑关系如下：随着分工组织的不断演进，各种工业品和服务不断从农业中分离出来，而工业品和服务在生产过程中几乎都不需要过多的土地，即它们不具有土地密集性；当它们从农业中分离出来后，由于集聚经济的存在，它们会在某个地点集聚；与此同时，只从事工业和服务业的人们也随之集聚过来，这样就形成了初始的城市。

既然城市形成的研究视角着眼于分工演进，那么人们同样可以从分工演进的角度来研究城市发展问题。随着城市的形成，城乡之间的分工就会出现。这种分工形态随着分工组织的演进而不断深化。随着分工组织的演进，越来越多的工业和服务业将从农业中分离出来，从而使集聚于城市的非农产业越来越多，相应地，进入城市的人口也会越来越多。如此往复，产业的不断集聚和人口的不断集聚必然促进城市不断壮大起来。随着城市的不断发展，城市数量会不断增多，同时，城市规模也会不断扩大。此时，当分工组织进一步演进时，城市之间的分工就会出现。显然，这种分工形态表现为除农业之外的所有产业之间的分工。城市之间的分工对城市发展的积极作用主要在于促进城市的转型。例如，一个城市群中的中心城市与周边城市的分工对自身的“转型作用”。当城市群中所有城市不存在分工时，所谓的中心城市不可能形成，只有随着它们之间的分工不断演进，其中的中心城市才会慢慢显现出来。

城市之间的分工深化主要表现在以下两个方面：一是在生产上，如由产业间分工和产品间分工演进到产品内分工；二是在地域上，如由一国内城市间分工演进到不同国家的城市间分工。随着分工组织的不断演进，分工形态最终从产品间分工演进到产品内国际分工。在这种情况下，一个产品的各个生产环节之间形成分工，并且各个生产环节在空间上分离开来，从而向全球各地延伸，这样就形成了统一的全球价值链。在全球价值链中，各个城市有规律地形成价值链分工，从而促进其中所有城市的共同发展。需要指出的是，分工组织的演进受制于交易效率的高低。

1.3.2　本书的研究方法

在理论分析方面，由于本书的逻辑思路由分工演进引导，所以需要一种有效方法来处理分工问题。庆幸的是，以杨小凯为首的新兴古典经济学所发展的超边际分析方法为处理分工问题提供了一条十分有效的途径。他们已经利用这一方法对古典经济学关于分工的许多深奥思想进行了模型化，使之成为一个统一的理论框架。因此，本书将运用新兴古典经济学的超边际分析方法，从分工演进的角度来深入研究全球价值链下的城市发展问题。

一般来讲，超边际分析着眼于经济决策中“做”与“不做”的问题。在具体的模型构建中，其通常包括以下三个步骤：第一步是排除掉不可能是最优解的角点解，也就是说，与这些角点解对应的分工结构不可能是一般均衡结构；第二步是通过边际分析求解剩下的每一个角点解，即求解剩下的每一个分工结构的均衡解；第三步是比较已求出的每一个角点解，以找出全局的最优解，即找出经济主体选择的最优的均衡分工结构。[①]

在实证分析方面，本书主要采用相关的计量经济模型对全球价值链下中国城市的发展问题进行研究。具体来讲，对于面板数据来说，本书同时采用了静态面板模型和动态面板模型两种研究方法；对于时间序列来说，本书主要采用向量自回归（Vector Autoregression，VAR）模型。

---

① 杨小凯，张永生．新兴古典经济学和超边际分析［M］．北京：中国人民大学出版社，2000.

1.4 研究思路与研究内容

1.4.1 研究思路

研究思路如图1.1所示。

首先，全球价值链中的各个生产环节都是相互联系的，所以处于高端生产环节的全球城市和处于低端生产环节的一般城市之间也必然存在紧密联系，这说明研究全球城市的发展问题离不开对一般城市的研究。但是，主流文献对在全球价值链下一般城市的发展问题研究不够，而把焦点集中在全球城市发展的研究上（周振华，2008）①。因此，本书将研究视角从全球城市延伸到一般城市，试图从这一切入点来研究各个城市在全球价值链下选择不同生产环节的内在机理，以厘清全球价值链的空间逻辑，从而在全球价值链下来探索城市发展的实现机制。

其次，本书运用超边际分析及一般均衡方法，通过建立一个新兴古典模型来探索城市形成与发展的一般规律。在此基础上，再进一步构建相关的新兴古典模型来演绎出全球价值链的空间逻辑，从而构建了全球价值链下城市发展的理论框架。依据理论研究，对中国城市在全球价值链下的发展问题进行了实证分析。同时，提出分享经济的定义，并在分享经济视角下探讨全球价值链下中小城市的发展机制。在此基础上，提出通过建立嵌入全球价值链的国内价值链来实现大国战略下的城市发展。

最后，本书依据中国的大国战略，并针对中国城市发展中的问题提出了中国城市在全球价值链下发展的总体思路及具体路径。

1.4.2 研究内容

依据上述研究思路，全书拟定9章内容进行具体研究。其中，各个章节所研究的主要内容如下：

第1章为绪论。该章阐述本书的选题背景与研究意义、核心概念、逻辑

---

① 周振华．崛起中的全球城市：理论框架及中国模式研究［M］．上海：上海人民出版社，格致出版社，2008.

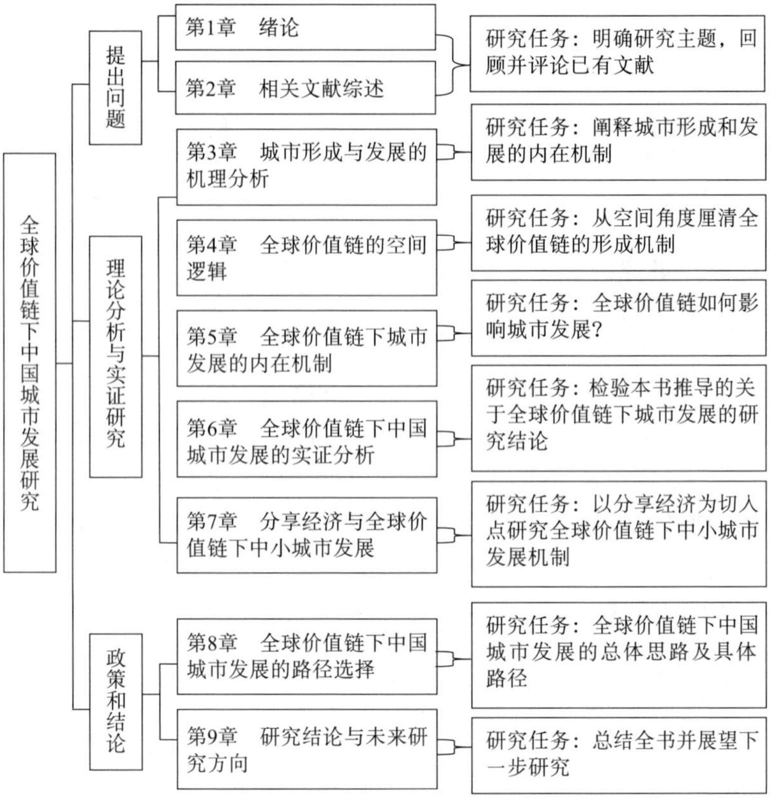

图 1.1　本书的研究思路与框架

思路与研究方法、研究思路与研究内容以及可能的创新点。

第 2 章为相关文献综述。该章主要回顾和评述的相关文献包括城市产生与发展的主要学说，以及全球价值链理论与全球城市理论的主要研究内容。

第 3 章至第 8 章是本书的核心。根据该部分的研究内容，本书将这些章节划分为三个部分。

第一部分为全球价值链下城市发展的理论研究。该部分包括第 3 章至第 6 章。其中，第 3 章运用超边际分析及一般均衡方法，通过建立一个新兴古典模型来探索城市产生与发展的一般规律。第 4 章在第 3 章的基础上，进一步建立相关的新兴古典模型来研究一般城市和全球城市之间的内在联系，从而厘清全球价值链的空间逻辑。第 5 章利用第 4 章的基本模型推导出不同类型的城市在全球价值链下的发展规律。第 6 章在理论分析基础上进行对应的实证检验。

第二部分重点研究全球价值链下中小城市的发展问题。该部分为第 7 章，该章以分享经济为切入点研究全球价值链下中小城市发展机制。

第三部分为政策启示，为第8章。该章在理论研究和实证分析的基础上，演绎出中国城市在全球价值链下发展的大国优势，并据此提出中国城市在全球价值链下发展的总体思路及具体路径。

第9章对全书结论进行总结，并展望下一步的研究。

1.5 本书可能的创新点

（1）运用超边际分析方法，对全球价值链中各个链条本身的分工及其在城市之间的分工进行研究，完善了全球价值链的空间逻辑关系，并在此基础上厘清了全球价值链下城市发展的内在机理。这不仅弥补了全球价值链理论对城市研究的忽视，而且也为全球价值链下城市发展提供了一定的理论基础。

（2）把研究视角从全球价值链深入到大国国内价值链，提出了大国国内价值链对全球价值链下城市发展所具有的大国优势，并具体分析了这一优势在具有大国经济特征的中国的适用性。这一研究丰富了大国经济的一般理论，也为作为发展中国家的中国在全球价值链下的城市发展提供了独特的思路。

（3）明确了外生以及内生的城市间交易效率对全球价值链下城市发展的不同作用，特别是提出了“节点城市”的节点作用在提高内生的城市间交易效率上所具有的累积效应。这拓展了全球价值链下城市发展问题研究的深度与广度，同时，也有助于人们更清晰地把握中国城市在全球价值链下城市发展的路径及其过程。

第2章

相关文献综述

本书试图厘清全球价值链下城市发展的内在机理。从理论研究的角度来看，其是从城市形成与发展研究中进一步拓展及引申出来的。因此，综述已有的关于城市形成与发展的主要学说是非常必要的：一方面，它有利于人们对城市形成与发展的内在逻辑形成一定的认识，从而对本书的研究起着一种指导作用；另一方面，它为本书对全球价值链下城市发展的研究开启了广阔的创新空间。

由于本书对城市发展的研究是置于全球价值链的框架之下，所以本书研究与全球价值链理论也存在密不可分的理论渊源。基于此，本书对全球价值链理论的主要研究内容也进行了必要的综述。[①] 另外，由于全球价值链理论与全球城市理论都是基于产品内国际分工而发展起来的，它们之间存在以下内在的逻辑关系：全球城市理论可以看作在全球价值链下对高度集聚高端生产环节的城市进行深入研究的理论。同时，全球城市也是本书的一个研究对象。因此，本书对全球城市理论的主要研究内容也进行了必要的综述，[②] 从而为本书的研究提供有力的理论准备。

2.1 城市形成与发展的主要学说

城市作为一种“经济景观”，在其形成与发展的过程中，尽管自然条件及

---

① 由于本书研究的限制，本章并不全面介绍全球价值链理论的主要研究内容，而只是进行大体概括。

② 由于本书研究的限制，本章并不全面介绍全球城市理论的主要研究内容，而只是进行大体概括。

历史条件等因素起着重要作用，同时城市的形成与军事、宗教以及政治等方面的需要也密切相关，但从根本上看，它是人类社会经济活动空间聚集的结果，因此，经济力量对经济效率的追求始终是决定城市形成与发展的一个关键因素（江曼琦，2007）[①]。基于此，本节主要从经济学的范围来总结城市形成与发展的主要学说。针对现有的研究文献，本节把城市形成与发展的主要学说分为以下四种：规模经济—比较优势学说、规模经济—集聚经济学说、规模经济—报酬递增学说以及交易效率—专业化经济学说。

2.1.1　规模经济—比较优势学说[②]

假定工厂在生产过程中具有规模经济，即工厂大量生产某种产品可以有效降低成本，进而获利。在初始阶段，经济系统处于完全自给自足状态，此时没有形成城市与农村之间的分工（实质上城市还未形成）。随着技术进步，如发明了某种机器，使某种产品的生产率得到较大提高，这样，人们发现把生产资源集中到一个工厂开展大规模的生产活动比家庭式的小生产所支付的成本要低许多。为了节约上班的时间，生产这一产品的经济主体都会住在工厂的附近，所以工厂附近的人开始不断集聚。

为了充分利用这种规模经济，在比较优势的假定条件下会出现以下分工形态：集聚在某地进行大规模生产的工人与其他不再生产这一产品的农户之间的分工。此时，工人不再生产其他产品而转向专门生产这种产品可以进一步扩大生产规模，这显然会产生规模经济；其他农户不再生产这种产品而转向从工人那里购买可以充分利用这一规模经济。随着不再生产农产品的工人在工厂附近不断集聚，交易的数量也在不断增多，一个城镇在这个农业区域内就会出现。

在这一过程中，城镇与农村之间的运输成本也很重要。这决定工厂能在多大范围内销售自己的产品。当城镇与农村之间的运输成本较小时，工厂能在较大的范围内销售自己的产品，相应的城镇规模也会较大，反之亦是。当然，规模经济的程度可以折中运输成本这一劣势。因此，较低的城乡间运输成本和较显著的规模经济可以促进城市更快的经济发展。

---

① 江曼琦．公共产品投入共享、交易成本节约与城市起源［J］．华中师范大学学报（人文社会科学版），2007，46（5）：43—48.

② 周伟林，严冀，等．城市经济学［M］．上海：复旦大学出版社，2004.

2.1.2 规模经济—集聚经济学说[①]

假如某种经济活动存在规模经济，在要素和产品市场均处于竞争性的假定条件下，为了获得这种规模经济，从事这种经济活动的经济主体就必然选择在某个地方建立工厂进行大规模生产，而其中的雇员为了节约通勤成本必然会选择在工厂附近居住，从而引起人口的集中。

随着工厂的大规模生产以及人口的集中，其他一些不具有规模经济的产业会发现：如果把自己的产品销售给工厂和其中的雇员，那么相对于远离他们，靠近他们可以利用集聚经济而获得更多的利润。因此，这些不具有规模经济的产业以及相关人口也会集聚过来。进一步地，再次集聚在一起的经济活动以及相关人口又会引起集聚经济，从而进一步引起一些产业以及相关人口（有些产业以及相关人口甚至与最初的经济活动无关）集聚过来。随着经济活动和人口在空间上的不断集聚，城市就会出现。在这个过程中，规模经济和集聚经济共同决定着城市的经济发展。

2.1.3 规模经济—报酬递增学说

Fujita 和 Krugman（1995）[②] 建立了一个基于生产异质消费品的制造业企业处于垄断竞争状态的一般均衡空间模型。假定工人（消费者）同质，都消费一种农产品和许多异质的工业品，他们的决策问题是如何在工资的预算约束下来选择农产品和工业品的消费量以达到效用最大化。对于企业来说，他们根据边际收益等于边际成本的原则进行生产，而垄断竞争使他们获得零利润。

在这个模型中，无止境的规模经济、人们对多样化消费的偏好以及运输成本之间存在着一些两难冲突。由于专业化生产所带来的规模经济，所以每种工业品由一个单一的企业来生产。如果种类繁多的工业品都集中在一个城市生产，那么在消费多样化偏好的作用下，这些工业品的消费价格将下降，城市工人的实际收入水平在给定的名义工资水平下将上升。这将吸引更多的工人向城市集聚。而工人的增加将会创造对工业品更大的需求，进而支持更多的专业化制造业企业在城市进行生产。这种逻辑关系被称为企业和工人在

---

① MILLS E., HAMILTON B W. Urban economics [M]. 4th ed. Glenview: Scott, Foresman and Company, 1989.

② FUJITA M., KRUGMAN P. When is the economy monocentric?: Von Thünen and Chamberlin unified [J]. Regional Science and Urban Economics, 1995, 25 (4): 505 – 528.

空间集聚过程中的循环因果（Circular Causality）机制。

另外，还存在一个两难冲突，即制造业企业集中在城市有降低交易费用的作用，但这种集中也使他们与农村之间的交易费用上升。而工业品种类数的增大将使这一两难冲突之间有效折中的余地加大，使生产工业品的企业更加集中，从而城市更易于出现。一般均衡比较静态分析也显示，在单位农产品的交易费用系数减小或者一个大的人口规模的条件下，工业品种类数增大到足够大时，城市就有可能出现。当城市形成以后，在工业品种类数不断增大的过程中，规模经济的作用通过循环因果机制引起整个城市的报酬递增，从而促进城市的经济发展。

2.1.4　交易效率—专业化经济学说

Yang 和 Rice（1994）① 建立了一个基于交易成本与专业化经济之间相互冲突的一般均衡模型。假定每个经济主体都以生产者—消费者的角色出现，由于农产品的生产需要占用大量的土地，而工业品的生产则不用，所以农业活动不像工业活动那样集中在一个小区域内，从事农产品生产的经济主体必须分散居住。每种产品的生产都存在专业化经济，而这种专业化经济的获得需要建立在经济主体相互之间进行分工的基础上。同时，因分工而出现的产品交易过程产生了交易成本。这样就出现了专业化经济与交易成本之间的两难冲突。

当交易效率很低时，经济主体选择自给自足，而一个自给自足的社会不会出现城市。当交易效率达到足够高度时，分工结构就会从自给自足演进到局部分工，此时会出现半专业化的农民和半专业化的工业品生产者。由于农产品的生产需要占用大量的土地，而工业品不需要，所以农民只能分散居住，而工业品生产者则靠近农民居住，以提高与农民交易的交易效率。因此，此时仍然不会出现城市。随着交易效率的进一步提高，直至在农产品和工业品的分工之外，也就是在工业品内出现了分工，城市就出现了。原因是为了提高不同工业品之间的交易效率，工业品生产者会集中居住在一起，这种集聚的结果就是形成一个城市。

随着交易效率的不断提高，工业品中的分工会不断演进，互不往来的社区数会逐步减少，每个城市的规模也会随之不断增加。在分工和城市发展的过程中，一般均衡从自给自足逐步演进到完全分工时，会经历一些不平衡的

---

① YANG X, RICE R. An equilibrium model endogenizing the emergence of a dual structure between the urban and rural sectors [J]. Journal of Urban Economics, 1994, 35 (3): 346 - 368.

分工结构。在这些结构中，由于工业品可以集中生产，而农产品不能，所以城市居民的专业化水平以及来自市场交易的实际收入水平会高于农村居民，但城乡之间的自由迁徙可以保证实际收入在城乡之间趋于均等化。当交易效率持续地提高时，分工将最终演进到完全分工的状态。此时，城乡之间的实际收入水平将趋于一致。在这个过程中，交易效率的不断提高以及随之出现的分工演进决定着城市的形成和经济发展。

2.2 全球价值链理论的主要研究内容

全球价值链理论是基于产品内国际分工而发展起来的，但是，它不属于完全意义上的经济学。作为一个更加成熟的理论，全球价值链理论是在结合全球商品链理论和价值链理论等的理论基础上，经过多学科众多学者的共同努力创建起来的（张辉，2004）①。其中的研究文献主要关注的内容包括全球价值链的驱动力、全球价值链治理、全球价值链的升级以及全球价值链中的经济租等问题。

2.2.1 全球价值链的驱动力

在全球价值链理论中，全球价值链驱动力的研究可以追溯到 Gereffi 和 Korzeniewicz（1994）② 对全球商品链运行模式的研究。实际上，张辉（2004）③ 认为，全球价值链理论中关于全球价值链驱动力的研究基本延续了他们提出的生产者驱动和购买者驱动两种模式，并认为全球价值链的驱动力基本来自生产者和购买者两个方面。对于这两者驱动的全球价值链之间的区别，张辉（2004）④ 从九个方面进行了比较研究，九个方面包括动力根源、核心能力、进入障碍、产业分类、典型产业部门、制造企业的业主、主要产业联系、主导产业结构以及辅助支撑体系等。

---

① 张辉．全球价值链理论与我国产业发展研究［J］．中国工业经济，2004（5）：38—46.

② GEREFFI G，KORZENIEWICZ M. Commodity chains and global capitalism ［M］. London：Praeger，1994.

③ 张辉．全球价值链理论与我国产业发展研究［J］．中国工业经济，2004（5）：38—46.

④ 张辉．全球价值链理论与我国产业发展研究［J］．中国工业经济，2004（5）：38—46.

循着生产者驱动和购买者驱动的思路，Henderson（1998）[①] 对全球价值链的驱动力进行了更为深入的研究。在他的研究中，生产者驱动而形成的全球价值链是基于全球生产供应链的一种垂直分工体系，但这种垂直分工体系受制于生产者投资而推动的市场需求；对于购买者驱动而形成的全球价值链，他认为其本质是一种跨国商品流通网络，由拥有强大品牌优势和国内销售渠道的购买者通过全球采购以及贴牌等形式进行组织而形成的。

2.2.2 全球价值链治理

Gereffi是对价值链治理（Value Chain Governance）进行研究的早期学者，其把价值链治理定义为：价值链中处于控制地位的权力拥有者组织和协调分散于各地的价值创造活动（Gereffi，2002）[②]。对于全球价值链的治理模式，Humphrey和Schmitz（2002）[③] 提出了以下四种类型的治理模式：①网络型（Networks），即具有互补能力的企业之间形成一种平等合作关系，这些企业在全球价值链的重要环节之间进行分工，各方共同定义产品；②半层级型（Quasi Hierarchy），即一家企业在价值链上对其他企业实施高度控制；③层级型（Hierarchy），即对于价值链上的某些环节，领导企业可以进行直接的所有权控制；④市场型（Arm's Length Market），即购买者和供给者之间不存在密切的联系。

后来，Gereffi、Humphrey和Sturgeon（2005）[④] 对全球价值链的治理模式进行了进一步的细分研究。具体来说，他们将全球价值链的治理模式分为以下五种：市场型（Markets）、模块型（Modular Value Chains）、关系型（Relational Value Chains）、领导型（Captive Value Chains）和层级型（Hierarchy）。

2.2.3 全球价值链的升级

在全球价值链理论中，产业升级的概念被真正引入全球价值链的分析框

① HENDERSON J. Danger and opportunity in the Asia - Pacific [M] //THOMPSON G. Economic dynamism in the Asia - Pacific. London: Routledge, 1998: 356 - 384.

② GEREFFI G. Global Production Systems and Third World Development [M]. Cambridge: Cambridge University Press, 2002.

③ HUMPHREY J, SCHMITZ H. How does insertion in global value chains affect upgrading in industrial clusters [J]. Regional Studies, 2002, 9 (36): 1017 - 1027.

④ GEREFFI G, HUMPHREY J, STURGEON T. The governance of global value chains [J]. Review of International Political Economy, 2005, 12 (1): 78 - 104.

架始于20世纪90年代末（张向阳、朱有为，2005）[①]。根据前人研究，Humphrey和Schmitz（2002）[②] 总结出以下三种类型的升级：①流程升级（Process Upgrading），指通过重组生产系统或采用更优良的技术提高投入产出率；②产品升级（Product Upgrading），指采用更高端的生产线以提高单位价值；③功能升级（Functional Upgrading），指放弃现有功能，获取新的、更好的功能，以提高生产活动的整体技术含量。与此同时，他们还提出了第四种升级，即跨部门升级（Inter - sectoral Upgrading），指集群中的企业进行新的生产活动。

随后，很多学者从具体的国家或地区出发，对具体的产业或企业的升级问题进行了实证分析，例如Bazan和Navas - Alemán（2003）[③]、Gereffi和Memedovic（2003）[④]、Humphrey和Schmitz（2004）[⑤] 以及Poon（2004）[⑥] 等。

2.2.4　全球价值链中的经济租

在全球价值链中，一些价值链参与者通过控制特定资源，创造对竞争者的进入壁垒而免于竞争，从而获得超额利润，这就形成了租金（Kaplinsky、Morris，2003）[⑦]。全球价值链中租金的性质和种类是复杂的，Teece、Pisano和Shuen（1997）[⑧] 认为存在三种类型的租金：①基于受到保护的市场力量而产生的垄断租金（Monopolistic Rents），这种租金的创造依赖于企业能够在产品市场上获得竞争优势；②凭借企业独特资源而产生的李嘉图租金（Ricardian Rents），这种租金的创造是企业拥有独特资源要素的结果；③依靠企业动态能力的熊彼特租金（Schumpeterian Rents），这种租金来自不确定环境下

---

① 张向阳，朱有为．基于全球价值链视角的产业升级研究［J］．外国经济与管理，2005，27（5）：21—27.

② HUMPHREY J，SCHMITZ H. How does insertion in global value chains affect upgrading in industrial clusters［J］. Regional Studies，2002，9（36）：1017 - 1027.

③ BAZAN L，NAVAS - ALEMÁN L. Upgrading in global and national value chains：recent challenges and opportunities for the Sinos Valley footwear cluster，Brazil［R］. Novara：the EADI's Workshop，2003.

④ GEREFFI G，MEMEDOVIC O. The global apparel value chain：what prospects for upgrading by developing countries［R］. United Nations Industrial Development Organization，2003.

⑤ HUMPHREY J，SCHMITZ H. Chain governance and upgrading：taking stock［M］// SCHMITZ H. Local enterprises in the global economy：issues of governance and upgrading. Cheltenham：Elgar，2004：349 - 381.

⑥ POON T S C. Beyond the global production networks：a case of further upgrading of Taiwan's information technology industry［J］. Technology and Globalisation，2004，1（1）：130 - 145.

⑦ KAPLINSKY R，MORRIS M. Governance matters in value chains［J］. Developing Alternatives，2003，9（1）：11 - 18.

⑧ TEECE D J，PISANO B，SHUEN A. Dynamic capabilities and strategic management［J］. Strategic Management Journal，1997，18（7）：509 - 533.

由于企业预见和风险偏好产生的创新，是企业对现有资源能力重新组合更有效率地生产经营的结果。

Kaplinsky 和 Morris（2001）① 根据与价值链的关系广义地也把租金分为三大类：①基于链内单个行动者构建的租金；②基于链内行动者群构建的租金；③外生于全球价值链的租金。刘林青、谭力文和施冠群（2008）② 进一步概括为，基于链内企业群构建的租金主要包括关系租金（Relational Rents）和网络租金（Network Rents）。对于关系租金，Dyer 和 Singh（1998）③ 认为其缘于企业间交换关系，即需要通过参与伙伴共同专属性投资才能创造出超额利润，所以孤立的单个企业无法产生关系租金。对于网络租金，卢福财和胡平波（2006）④ 认为，其是所有网络组织成员在网络组织制度条件下所创造的总利润在抵消了他们单干利润的总和的一个正的剩余，从整个网络来看，其不仅表现为交易费用的节约，更重要的是反映了网络成员核心资源共享形成的交易增值效应。

在全球价值链中，经济租并不是平均分配在全球价值链的各个链条中。正如 Kaplinsky（2000）⑤ 认为，国家收入分布在全球经济中是不平等的。而且，他以价值链的三个因素作为切入点，对这一问题进行了启发性的研究。其中，三个因素包括链条内部的动态租金（Dynamics of Rents）、价值链治理及其跨国系统特征。

2.3 全球城市理论的主要研究内容

与全球价值链理论一样，全球城市理论也是基于产品内国际分工而发展起来的。随着国际分工的不断深化，一个城市的发展不再局限于一国之内，正是在这一背景下，全球城市理论成为城市发展研究领域的主流文献之一。从现有的研究文献来看，这一理论主要关注的内容包括全球城市形成的基本

---

① KAPLINSKY R, MORRIS M. A handbook for value chain research [R]. Brighton: University of Sussex, 2001.

② 刘林青，谭力文，施冠群. 租金、力量和绩效：全球价值链背景下对竞争优势的思考 [J]. 中国工业经济，2008 (1)：50—58.

③ DYER J H, SINGH H. The relational view: cooperative strategy and sources of inter - organizational competitive advantage [J]. Academy of Management Journal, 1998, 23 (4): 660 - 679.

④ 卢福财，胡平波. 网络租金及其形成机理分析 [J]. 中国工业经济，2006 (6)：84—90.

⑤ KAPLINSKY R. Globalization and unequalisation: what can be learned from value chain analysis [J]. Journal of Development Studies, 2000, 37 (2): 117 - 146.

动力、全球城市的功能、全球城市的判别及分类、全球城市网络研究以及全球城市区域研究等问题。

2.3.1 全球城市形成的基本动力

全球城市形成的基本动力是全球城市理论的重要研究内容，而且一开始就成为全球城市理论的研究热点。对于这一研究，文献大体上可以被归为以下三类：第一类文献以 Friedmann 为代表，从新的国际劳动地域分工的角度来探讨全球城市形成的基本动力。Friedmann（1986）[①] 认为，新的国际劳动地域分工是促进全球城市形成的基本动力。这是因为，城市通过新的国际劳动地域分工与全球经济整合在一起，这种整合程度及其在新的国际劳动地域分工中的地位决定了其功能和结构重组，其中，全球的主要城市依托复杂的全球城市系统成为整合全球经济的主导者。后来，Friedmann（1995）[②] 进一步提出，世界经济体系由经济发展水平不同的各个区域经济系统所构成，这种区域经济系统决定了其中的全球城市的等级，即一个区域所拥有的全球城市的等级随着其经济实力的上升而增加。

第二类文献以 Castells 为代表，以“流的空间”作为切入点对全球城市形成的基本动力进行研究。Castells（1989）[③] 第一次提出了信息城市的概念，构造了所谓的“发展的信息模式（Information Mode of Development）”。在这一研究中，他从全球流动空间的角度对全球城市形成的力量基础进行了分析。他认为，地理摩擦由于快速发展的信息技术而显著减小，从而使全球经济由“地方的空间（Space of Place）”向“流的空间”转变。正是在这一大背景下，国家疆域之间的壁垒可以通过建立全球性的具有“瞬时”通达性的网络而得以消除。这种情况在以通信联系为基础的世界资本市场交易中表现得非常明显。从这种角度来说，一个城市成为全球城市的关键在于获得信息空间的进入权以及对信息空间主要节点的控制权，以在国际资本积累博弈中取得最终胜利。

第三类文献以 Sassen 为代表，从整合全球分散化生产的视角来研究全球城市形成的基本动力。Sassen（1991）[④] 认为，随着全球经济的地理分布及构

---

① FRIEDMANN J. The world city hypothesis [J]. Development and Change, 1986, 17 (1): 69－84.

② FRIEDMANN J. Where we stand: a decade of world city research [M] //KNOX P L, TAYLOR P J. World cities in a world－system. Cambridge: Cambridge University Press, 1995: 21－47.

③ CASTELLS M. The informational city [M]. London: Blackwell, 1989.

④ SASSEN S. The global city: New York, London, Tokyo [M]. Princeton: Princeton University Press, 1991.

成的变化，产生了一种空间分散化而全球一体化组织的经济活动，这种经济活动赋予了主要城市一种新的战略角色。具体的逻辑在于：全球分散的生产活动需要管理、控制和其他的相关服务，而且一个企业在全球的经营活动越分散，其要求的中央功能就越复杂、越具战略性，其中，中央功能包括服务于企业经营网络的管理、控制和金融等功能。随着这些中央功能变得越来越复杂，越来越具战略性，企业的总部不得不越来越多地外包这些功能，即它们从高度专业化的服务公司购买。由于外包服务具有高度专业化的性质，所以这些专业服务公司也需要其他服务公司来提供服务，即需要互相提供服务。同时，这些专业服务公司所提供的服务由于要满足特定客户需求，因此要通过综合不同专业知识进行生产，而使这些综合专业知识融合在一起势必要求专业服务公司在一个知识密集的环境中运作，以便于其专业人士面对面地交流，这样全球城市就应运而生。但 Sassen（1995）① 也认识到，全球城市只是一种分析框架，用来反映全球城市的共性，对于单个全球城市来说，其功能的形成和发展在相当程度上依赖于当地的制度环境、法律和行政框架等。

2.3.2 全球城市的功能

关于全球城市的功能，学界从多种角度进行研究，包括政治、经济和文化等角度。考虑到本书的研究内容，本章只是从经济的角度来综述这类文献。根据文献，可以发现全球城市主要有以下四种经济功能：①作为跨国公司总部的栖息地的功能；②作为“生产者服务综合体（Producer Service Complex）”的功能；③作为全球信息中心的功能；④作为国际金融中心的功能。

在第一种经济功能方面，Friedmann（1986）② 认为，在跨国公司主导的新国际分工中，跨国公司总部具有控制全球经济的能力，而全球城市的本质特征就是拥有全球经济控制能力，因此全球城市主要充当跨国公司总部的集聚地。

在第二种经济功能方面，Sassen（1991）③ 比较系统地进行了研究，指出全球城市是高度专业化的各种生产者服务的集聚地。后来 Sassen（1995）④ 进

① SASSEN S. On concentration and centrality in the global city [M] //KNOX P L, TAYLOR P J. World cities in a world - system. Cambridge: Cambridge University Press, 1995: 63 - 78.

② FRIEDMANN J. The world city hypothesis [J]. Development and Change, 1986, 17 (1): 69 - 84.

③ SASSEN S. The global city: New York, London, Tokyo [M]. New Jersey Princeton University Press, 1991.

④ SASSEN S. On concentration and centrality in the global city [M] //KNOX P L, TAYLOR P J. World cities in a world - system. Cambridge: Cambridge University Press, 1995: 63 - 78.

一步指出，全球城市的这种服务功能会随着全球投资与贸易的快速发展及其对各种专业服务的强大需求而不断强化，而且，随着国际交易成为世界经济的主体，它会逐步替代政府在世界经济事务中的管理和服务职能。

在第三种经济功能方面，一些学者主要基于全球信息化的大背景进行研究。例如，Castells（1996）① 提出，城市之间的国际连接随着通信技术的进步而出现，此时，互联网的全球地理结构由全球城市所支配，其在全球信息网络中充当着主要的节点。Graham（1999）② 以伦敦为例，研究了电信市场自由化（Telecommunications Liberalisation）对全球城市的作用，得出电信市场自由化支撑着伦敦作为全球城市的竞争地位。Malecki（2002）③ 实证分析了由“互联网网络（Network of Networks）”组成的基础设施和互联网在瞬时存在（Short Existence）过程中所出现的空间模式，结果得出互联网的骨干网络宽带的分布倾向于全球城市。

在第四种经济功能方面，开创性工作的是由 Reed（1981）④ 做出的相关研究，他收集了 76 个城市从 1900—1980 年在金融、政治、经济、地理、文化等方面的 50 个指标（其中，金融方面的指标有 9 个）进行多变量分析，从而勾勒出金融中心的等级体系，并得出 1980 年存在 5 个等级。后来，Reed（1989）⑤ 又提出了三个层次的金融中心：全球性金融中心包括纽约和伦敦；第二层次的国际性金融中心包括阿姆斯特丹、法兰克福、巴黎、东京、苏黎世等；第三层次的区域性金融中心包括布鲁塞尔、芝加哥、多伦多、悉尼、圣保罗、新加坡、中国香港等。此外，Lee 和 Schmidt - Marwede（1993）⑥、Drennan（1996）⑦、Meyer（1998）⑧ 等对全球城市作为国际金融中心的功能与作用也进行了研究。这些研究虽然在纽约、伦敦和东京被认定为全球性金

---

① CASTELLS M. The rise of network society [M]. Oxford: Blackwell, 1996.

② GRAHAM S. Global grids of glass: on global cities, telecommunications and planetary urban networks [J]. Urban Studies, 1999, 36 (5): 929 -949.

③ MALECKI E J. The economic geography of the Internet′s Infrastructure [J]. Economic geography, 2002, 78 (4): 399 -424.

④ REED H C. The Pre - eminence of international financial centers [M]. New York: Praeger, 1981.

⑤ REED H C. Financial centers hegemony, interest rates, and the global political economy [M] // PARK Y S, EASSAYYAD M. International Banking and Financial Centers. Boston: Kluwer Academic Press, 1989: 247 -268.

⑥ LEE R, SCHMIDT - MARWEDE U. Interurban competition? Financial centres and the geography of production [J]. International Journal of Urban and Regional Research, 1993, 17 (4): 492 -515.

⑦ DRENNAN M P. The dominance of international finance by London, New York and Tokyo [M] // DANIELS P W, LEVER W F. The global economy in transition. Addison Wesley Longman. Harlow, 1996: 352 - 371.

⑧ MEYER L H. The present and future roles of banks in small business finance [J]. Journal of Banking & Finance, 1998, 22: 1109 -1116.

融中心上达成了一致，但是在第二、第三层次金融中心的认定上却存在较大的分歧。

2.3.3　全球城市的判别及分类

对于全球城市的判别，Simon（1995）[①] 提出了以下三个最重要的标准：①拥有一个成熟的金融和服务体系，且这个体系面向国际机构、跨国公司、政府和非政府组织等全球客户；②拥有能够吸引跨国公司、政府间组织和非政府组织的基于资本流、信息流和通讯流的国际网络枢纽；③具有高质量的生活环境，以便吸引各类高素质的国际移民。

对于全球城市的分类，Friedmann 作出了开创性的贡献。1986 年，他在其著名的文章《世界城市假设》[②] 中提出了衡量全球城市的七项标准：①跨国公司总部所在地；②第三产业的高度增长；③国际性机构的集中地；④主要的金融中心；⑤主要的制造业中心；⑥全球交通的重要枢纽；⑦城市人口达到一定标准。按照这七项衡量标准，Friedmann 在世界银行划分的核心经济体与半外围经济体的基础上，采用“核心—边缘”的方法分别区分出这两类经济体的主要城市与次要城市，在此基础上构建了一个全球城市层级体系：第一层级的全球城市的人口规模为 1000 万（含）—2000 万；第二层级的全球城市的人口规模为 500 万（含）—1000 万；第三层级的全球城市的人口规模为 100 万—500 万。在这些衡量标准的基础上，Friedmann（1995）[③] 又增加了“人口迁移目的地”这一指标，不再对各个经济体进行区分，而是直接根据城市所连接的经济区域的大小对全球城市进行重新划分。

另外，Beaverstock、Smith 和 Taylor（1999）[④] 从服务功能的角度对全球城市的分类进行了分析。他们基于高级生产性服务（包括会计、广告、金融和法律等四种主要生产性服务）在全球城市的分布情况来研究全球城市的分类。其研究结果显示，55 个全球城市可以被分为以下三个等级：第一层次的全球城市称为“Alpha 世界城市（Alpha World Cities）”，总共 10 个；第二层次的全球城市称为“Beta 世界城市（Beta World Cities）”，总共 10 个；第三层次的

---

① SIMON D. World city hypothesis: reflections from the periphery [M] //KNOX P L, TAYLOR P J. World cities in a world - system. Cambridge: Cambridge University Press, 1995: 132 - 155.

② FRIEDMANN J. The world city hypothesis [J]. Development and Change, 1986, 17 (1): 69 - 84.

③ FRIEDMANN J. Where we stand: a decade of world city research [M] //KNOX P L, TAYLOR P J. World cities in a world - system. Cambridge: Cambridge University Press, 1995: 21 - 47.

④ BEAVERSTOCK J V, SMITH R G, TAYLOR P J. A roster of world cities [J]. Cities, 1999, 16 (6): 445 - 458.

全球城市称为“Gamma 世界城市（Gamma World Cities）”，总共35个。

2.3.4　全球城市网络研究

随着全球化与信息化进程的不断深化，作为全球城市的各大城市之间的相互联系自然会日益强化。Taylor（2001）[①] 指出，这将形成一种以全球经济规模运作的全球城市网络，它由跨城市经营的高级生产性服务企业通过作为“节点城市”的全球城市进行运作。2004年，Taylor 出版的专著《世界城市网络：一项全球层面的城市分析》[②] 对全球城市网络进行了比较系统的研究，他认为服务业企业在全球城市网络中发挥着较为重要的联系作用。

对于全球城市网络的研究，其他学者更多地进行实证分析。在这些实证研究中，许多学者利用航空客运数据来研究全球城市网络的相关问题，如 Cattan（1995）[③]，Smith 和 Timberlake（2001）[④]，Zook 和 Brunn（2005）[⑤]，Matsumoto（2007）[⑥]，Derudder、Devriendt 和 Witlox（2007）[⑦]，Derudder、Witlox 和 Faulconbridge 等（2008）[⑧]。除了利用航空客运数据之外，也有一些学者在研究城市网络联系时采用了互联网基础设施和信息流量，这方面的研究包括 Warf（1995）[⑨]，Townsend（2001）[⑩]，Malecki（2002）[⑪]，Jonathan、

① TAYLOR P J. Specification of the world city network [J]. Geographical Analysis, 2001, 33: 181 - 194.

② TAYLOR P J. World city network: a global urban analysis [M]. London: Routledge, 2004.

③ CATTAN N. Attractivity and internationalisation of major european cities: the example of air traffic [J]. Urban Studies, 1995, 32 (2): 303 - 312.

④ SMITH D A, TIMBERLAKE M A. World city networks and hierarchies, 1977 - 1997: an empirical analysis of global air travel links [J]. American Behavioral Scientist, 2001, 44 (10): 1656 - 1678.

⑤ ZOOK M A, BRUNN S D. Hierarchies, regions and legacies: european cities and global commercial passenger air travel [J]. Journal of Contemporary European Studies, 2005, 13 (2): 203 - 220.

⑥ MATSUMOTO H. International air network structures and air traffic density of world cities [J]. Transportation Research Part E, 2007, 43 (3): 269 - 282.

⑦ DERUDDER B, DEVRIENDT L, WITLOX F. Flying where you don't want to go: an empirical analysis of hubs in the global airline network [J]. Tijdschrift voor Economische en Sociale Geografie, 2007, 98 (3): 307 - 324.

⑧ DERUDDER B, WITLOX F, FAULCONBRIDGE J, et al. Airline data for global city network research: Reviewing and Refining Existing Approaches [J]. GeoJournal, 2008, 71 (1): 5 - 18.

⑨ WARF B. Telecommunications and the changing geographies of knowledge transmission in the late 20th century [J]. Urban Studies, 1995, 32 (2): 361 - 378.

⑩ TOWNSEND A M. Network cities and the global structure of the internet [J]. American Behavioral Scientist, 2001, 44 (10): 1697 - 1716.

⑪ MALECKI E J. The economic geography of the internet's infrastructure [J]. Economic Geography, 2002, 78 (4): 399 - 424.

Gillespie 和 Richardson (2004)[①] 等。这些研究更多地只是集中在互联网技术特征层面进行探讨，而没有对互联网联系与全球城市网络的关系进行深入的分析（黄璜，2010)[②]。

2.3.5 全球城市区域研究

Parnreiter (2003)[③] 认为，全球城市网络是一个跨越宏观区域、国家和地方等不同尺度的网状执行区。正是基于此，许多学者试图从更大的地理范围对城市网络进行分析，从而超越仅仅对少数主要城市的研究，如 Brown、Taylor 和 Catalano (2002)[④]，Parnreiter (2002)[⑤]，Derudder、Taylor 和 Witlox (2003)[⑥]，Taylor 和 Derudder (2004)[⑦]，Rossi 和 Taylor (2005)[⑧] 等。尽管如此，这些研究并没有揭示国家和地区尺度上的城市网络与全球城市网络之间连接的途径（Brown、Derudder 和 Parnereiter 等，2007)[⑨]。

为了弥补上述文献的不足，学界应该深入研究全球城市区域这种正在逐渐形成的地域现象。实际上，20 世纪 90 年代末期，以 Scott 为代表的一些学者开始着手这方面的研究（周振华，2008)[⑩]。特别是 2001 年，Scott 的专著《全球城市区域》[⑪] 出版，书中提出了“全球城市区域”的概念，对全球城市

---

① JONATHAN R, GILLESPIE A, RICHARDSON R. The territoriality of pan - European telecommunications backbone networks [J]. Journal of Urban Technology, 2004, 11 (3): 1 - 34.

② 黄璜. 全球化视角下的世界城市网络理论 [J]. 人文地理, 2010 (4): 18—24.

③ PARNREITER C. Global City Formation in Latin America: Socioeconomic and Spatial Transformations in Mexico City and Santiago de Chile [R/OL]. http: //www. lboro. ac. uk/gawc/rb/rb103. html.

④ BROWN E, TAYLOR P J, CATALANO G. Beyond world cities: central America in a space of flows [J]. Area, 2002, 34 (2): 139 - 148.

⑤ PARNREITER C. Mexico: the making of a global city? [M] //SASSEN S. Global Networks - Linked Cities. London: Routledge, 2002: 145 - 182.

⑥ DERUDDER B, TAYLOR P J, WITLOX F, et al. Hierarchical tendencies and regional patterns in the world city network: a global urban analysis of 234 cities [J]. Regional Studies, 2003, 37 (9): 875 - 886.

⑦ TAYLOR P J, DERUDDER B. Porous Europe: European cities in global urban arenas [J]. Tijdschrift voor Economische en Sociale Geografie, 2004, 95 (5): 527 - 538.

⑧ ROSSI E C, TAYLOR P J. Banking networks across Brazilian cities: interlocking cities within and beyond Brazil [J]. Cities, 2005, 22 (5): 381 - 393.

⑨ BROWN E, DERUDDER B, PARNREITER C, et al. Spatialities of globalization: towards an integration of research on world city networks and global commodity chains [R/OL]. http: //www. lboro. ac. uk/gawc/rb/rb151. html.

⑩ 周振华. 5000 ~ 10000 崛起中的全球城市：理论框架及中国模式研究 [M]. 上海：上海人民出版社，格致出版社，2008: 34.

⑪ SCOTT A J. Global City Regions [M]. New York: Oxford University Press, 2001.

区域的相关问题进行了比较系统的研究。Scott、Agnew 和 Soja 等（2001）[①] 指出，全球城市区域是全球经济的主要空间节点，同时，也在全球范围内日益增多地承担着主要政治主体的作用。对于全球城市区域的形式，Scott（2001）[②] 认为，其是地理上邻近的地方政府联系在一起的“空间联合体（Spatial Coalitions）”，其为了应付全球化的机遇与挑战而不得不积极搜寻一个有效的基地（Effective Base）。O'Connor（2010）[③] 对全球城市区域与物流活动的区位选择之间的关系进行了实证研究。

2.4 相关文献的总结性评论

对于城市形成与发展的研究，主流学说主要从规模经济的角度进行分析，如规模经济—比较优势学说、规模经济—集聚经济学说和规模经济—报酬递增学说。的确，规模经济对城市形成与发展起着重要作用，正如克鲁格曼（2000）[④] 所指出，如果不存在任何规模经济，我们甚至看不到小村庄——我们会看到一个由自给自足的家庭农场所组成的世界。但是从克鲁格曼的这句话可以延伸出，只有建立在劳动分工的基础上，规模经济的显著作用才能发挥。因此，从这种角度上说，劳动分工决定着城市的形成与发展。事实上，现代经济学之父斯密（1776）[⑤] 早已认识到劳动分工在城市形成与发展中的作用。交易效率—专业化经济学说正是基于斯密等古典经济学家关于分工与城市出现之间的思想而被提出的。这一学说使人们能够对城市形成与发展的内在逻辑有一个比较全面的把握。

虽然交易效率—专业化经济学说抓住了城市形成与发展的根本原因，但是它却忽视了经济全球化对城市形成与发展的影响。Young（1928）[⑥] 指出，

① SCOTT A J, AGNEW J, SOJA E W, et al. Global city regions [M] //SCOTT A J. Global city regions: trends, theory, policy. Oxford: Oxford University Press, 2001: 11-30.

② SCOTT A J, Globalisation and the rise of city-regions [J]. European Planning Studies, 2001, 9 (7): 813-826.

③ O'CONNOR K. Global city regions and the location of logistics activity [J]. Journal of Transport Geography, 2010, 18 (3): 354-362.

④ 克鲁格曼．发展、地理学与经济理论［M］．蔡荣，译．北京：北京大学出版社、中国人民大学出版社，2000.

⑤ 斯密．国富论［M］．郭大力，王亚南，译．北京：商务印书馆，2015.

⑥ YOUNG A A. Increasing returns and economic progress [J]. The Economic Journal, 1928, 38 (152): 527-542.

分工演进的逻辑在于：分工取决于市场规模，而市场规模又取决于分工，即分工取决于分工。随着分工的不断演进，市场规模必然由一国内的区域市场（对应于区域分工）扩大到整个国家市场（对应于国家内部分工），最终扩大到全球市场（对应于全球分工）。本书认为，在全球范围内流行的价值链分工就是一种全球分工，正是这种全球分工在全球范围内的不断展开，才促成了经济全球化。根据交易效率—专业化经济学说，城市的形成与发展都由分工演进所决定，那么依托于价值链分工的经济全球化必然对城市的形成与发展有重要影响。[①] 例如，学界提到的全球城市就是在经济全球化的背景下所形成的。因此，在经济全球化的今天，有必要把城市的形成与发展纳入经济全球化的背景下，从全球价值链分工的角度对其进行深入的研究。

在经济全球化的背景下对城市形成与发展的研究，全球城市理论已作出重大贡献。然而，其主流研究仅仅将视线停留在已经形成的全球城市上，而把一般城市排斥在外（周振华，2008）[②]。本书认为，在经济全球化的背景下，对一般城市的研究也是必须的，这是因为：①在全球范围内，全球城市毕竟是少数，更多的是一般城市，特别在发展中国家更是如此，甚至绝大多数的发展中国家都没有全球城市。随着经济全球化，一般城市（更多的是发展中国家的城市）不断融入全球分工体系，参入全球价值链分工，它们已经成为经济全球化的主要空间载体。在这一现实背景下，非常有必要研究一般城市如何融入经济全球化，进而在价值链分工中发展自己。②在经济全球化的背景下，城市的发展具有动态性，不同的城市在不同的阶段根据自身条件选择不同的价值链分工形态，每一个处于高端生产环节的全球城市都是由处于低端生产环节的一般城市内生转化而来的。因此，如果要研究全球城市是如何形成的，就必须从一般城市在经济全球化背景下的发展机制中去寻找答案。③在全球价值链分工中，全球城市是高端生产环节的集聚地，大量的一般城市都是低端生产环节的集聚地，而每个产品的各个生产环节之间存在紧密的联系，所以全球城市和一般城市之间也必然存在紧密的联系。因此，正如价值链分工中所有链条都是统一的一样，全球城市和一般城市应该也是统一在一起的，相应地，对全球城市的研究自然离不开对一般城市的研究。

---

① Dicken 等指出，在经济全球化的背景下，网络（不是个体、企业或民族国家）已经成为分析全球经济的基础单元。（DICKEN P, KELLY P F, OLDS K, et al. Chains and networks, territories and scales: towards a relational framework for analysing the global economy [J]. Global Networks, 2001, 1 (2): 89 - 112.）依据他们的思路，可以得出经济全球化对城市的影响，即在经济全球化的背景下，对于单个城市的分析已失去意义，应该以城市网络作为基本的分析单元。

② 周振华. 崛起中的全球城市：理论框架及中国模式研究 [M]. 上海：上海人民出版社，格致出版社，2008.

全球价值链理论把价值链分工中所有生产环节统一起来进行研究，这弥补了全球城市理论的一大遗憾。然而，全球价值链理论也存在自身的缺陷，即脱离城市的研究注定其不可能构建统一的空间逻辑。全球价值链理论把重点放在处于全球价值链分工中的各个生产环节本身上。的确，在全球价值链分工中，各个生产环节本身的分工和协调是非常重要的。但是，这仅仅是生产环节本身的分工，本书认为全球价值链分工还存在显著的空间性，即每个生产环节在空间上的分布不是随意的，而是有规律可循的，如低端生产环节大多分布在发展中国家的一般城市，而高端生产环节大多分布在发达国家的全球城市。进一步地观察可以发现，这些处于全球价值链分工中的城市就像一个个“链条集聚点”，当把这些城市组合在一起来看时，所有城市本身就组成了一个统一的空间分工网络。因此，要厘清全球价值链分工，既要研究生产环节本身的分工，也要研究依托生产环节本身的分工所形成的城市之间的分工。

综上分析可以发现：在经济全球化的背景下，要厘清城市形成与发展的内在机制，需要在全球城市理论和全球价值链理论之间寻找一个交叉点，并以这个交叉点作为切入点来深入研究一般城市如何融入全球价值链来发展自身，并最终发展成为全球城市。基于此，本书将借助超边际分析方法，试图从城市的视角来厘清全球价值链的空间逻辑，并以此演绎出全球价值链下城市发展的一般规律，在此基础上总结出中国城市在全球价值链下发展的具体情况，为中国城市在全球价值链下发展政策的制定提供参考。

第3章

城市形成与发展的机理分析

3.1 研究背景与思路

根据前文对学界关于城市形成与发展的主要学说的总结，本节把这些学说归纳为两类：一类以规模经济为切入点来研究城市形成与发展的内在机理，如规模经济—比较优势学说、规模经济—集聚经济学说和规模经济—报酬递增学说；另一类以分工演进为切入点来研究城市形成与发展的内在机理，如交易效率—专业化经济学说。在第一类文献中，规模经济的存在对城市的形成与发展起着决定性作用。但是，规模经济的显著作用只有建立在劳动分工的基础上才能得以发挥。这主要缘于以下两个方面：一方面，通过分工可以把有限的资源专门用于某种生产，从而使大规模生产成为可能；另一方面，通过充分利用规模经济而生产的大量产品和服务不可能用于自给自足，经济主体相互之间需要通过分工把自己多余的产品和服务用来交换各自所需的其他产品和服务。因此，从根本上说，劳动分工决定着城市的形成与发展。依据这一思路，第二类文献所认为的城市形成与发展都是分工演进的产物，可以说是抓住了问题的关键。

追溯经济学的历史，可以发现素有现代经济学之父之称的著名经济学家斯密早已认识到社会分工与城市形成之间的内在关系。他指出，“农民常常需要锻工、木匠、轮匠、犁匠、泥水匠、砖匠、皮革匠、鞋匠和缝匠的服务。这类工匠，一方面因为要互相帮助，另一方面又因为不必要像农民那样有固定地址，所以，自然而然地聚居一地，结果，就形成了一种小市镇……”①。这说明各种工匠与农民进行分工才得以从农业中分离出来，同时他们相互之间的分工使他们趋向于集聚一地，从而形成一个小市镇。另外，他也指出，“农村以生活资料及制造材料供给都市，都市则以一部分制造品供给农村居民。……生活资料必先于便利品和奢侈品，所以，生产前者的产业，亦必先于生产后者的产业。……乡村居民须先维持自己，才以剩余产物维持都市的居民。所以，要先增加农村产物的剩余，才谈得上增设都市”②。这表明农村与城市之间的分工（也就意味着城市的出现）必须建立在出现农产品剩余的基础上。实际上，从考古证据来看，4000—7000多年前，城市便伴随着农产品剩余的出现而相继出现在中东、印度以及中国等地区（赵红军，2006）③。

依据斯密的思路，城市的形成必须要求一部分人从农业生产中分离出来，即他们不再从事农业生产，而这就是分工演进的过程。众所周知，在经济发展的过程中，分工演进起着根本性的作用，所以人类经济活动总是不断地追求分工协作。人类经济活动的这种倾向必然引起分工组织的不断演进，因此，城市最终必然出现，具体的逻辑关系如下：随着分工组织的不断演进，各种工业品和服务不断从农业中分离出来，而工业品和服务在生产过程中几乎都不需要过多的土地，即它们不具有土地密集性；当它们从农业中分离开来后，由于集聚经济的存在，它们会在某个地点集聚；与此同时，只从事工业和服务业的人们也随之集聚过来，这就形成了初始的城市。

循着城市形成的逻辑思路，很容易厘清城市发展的内在机制。既然城市形成的研究视角着眼于分工演进，那么同样可以从分工演进的角度来研究城市发展问题。随着城市的形成，城乡之间的分工就会出现。这种分工形态随着分工组织的演进而不断深化。随着分工组织的演进，越来越多的工业和服务业将从农业中分离出来，从而使集聚于城市的非农产业越来越多，相应地，进入城市的人口也会越来越多。在这种情况下，产业的不断集聚和人口的不断集中必然促进城市不断壮大起来。

尽管第二类文献从分工演进的角度构建了城市形成与发展的理论框架，但是其仍然存在不足之处，即没有具体从城市之间的分工来研究城市发展（包括城市转型）方面的问题。本书将试图从城市之间的分工来探索分工演进

① 斯密．国民财富的性质和原因的研究（上卷）［M］．郭大力，王亚南，译．北京：商务印书馆，1964.

② 斯密．国民财富的性质和原因的研究（上卷）［M］．郭大力，王亚南，译．北京：商务印书馆，1964.

③ 赵红军．从演进经济学视角解读城市形成原因［J］．城市问题，2006（1）：7—10.

对城市发展的作用。[①] 在本书的分析框架中，城市之间的分工需要建立在出现多个城市的基础上。随着分工组织的不断演进，城市不断发展，使得城市的数量增多，此时，当分工组织进一步演进时，城市之间的分工就会出现。显然，这种分工形态表现为除农业之外的所有产业之间的分工。城市之间的分工对城市发展的积极作用主要在于促进城市的转型。例如，一个城市群中的中心城市与周边城市的分工对自身的“转型作用”。当城市群中所有城市不存在分工时，所谓的中心城市不可能形成，只有随着它们之间的分工不断演进，其中的中心城市才会慢慢显现出来。城市之间的分工深化主要表现在以下两个方面：一是在生产上，如由产业间分工和产品间分工演进到产品内分工；二是在地域上，如由一国内城市间分工演进到不同国家的城市间分工。因此，城市的转型具有动态性。例如，一个城市开始是区域性中心城市，随着分工组织的演进，它可能会向国家性中心城市乃至全球城市演变。

虽然经济学家早就意识到社会分工与城市形成之间的内在关系，但是直到 20 世纪 90 年代，才有经济学家进一步地建立了能够阐述城市形成与社会分工之间内在联系的一般均衡城市化模型。这些经济学家包括 Yang (1991)[②]、Yang 和 Rice (1994)[③]、Fujita 和 Krugman (1995)[④] 等。由于以杨小凯等经济学家为代表的新兴古典经济学的主要贡献之一是针对古典经济学关于分工方面的深奥思想建立了很多内生分工的一般均衡模型，从而发展出比较成熟的基于分工演进视角的建模思路，所以本书试图运用新兴古典经济学的超边际分析方法，从分工演进的角度来探索城市形成与发展的内在机理。

3.2 基本模型

本章模型的建模思路遵循新兴古典城市化模型，这类模型的详细介绍见

① 这方面具体的研究见第 5 章。

② YANG X. Development, structure change, and urbanization [J]. Journal of Development Economics, 1990, 34 (1-2): 199-222.

③ YANG X, RICE R. An equilibrium model endogenizing the emergence of a dual structure between the urban and rural sectors [J]. Journal of Urban Economics, 1994, 35 (3): 346-368.

④ FUJITA M, KRUGMAN P. When is the economy monocentric?: Von Thünen and Chamberlin Unified [J]. Regional Science and Urban Economics, 1995, 25 (4): 505-528.

杨小凯等学者的研究成果，如 Yang（1991）①、Yang 和 Rice（1994）② 以及杨小凯（2003）③ 等。本节模型的基本框架也主要参考新兴古典城市化模型，根据本章的研究目的，这里只是做了细微的修正。

在构建模型之前先作如下假定：

（1）在经济系统中，有总量为 M 的经济主体，他们既是生产者又是消费者，即以生产者—消费者的角色出现。作为生产者，他们可以在三种产品 x、y、z 和一种服务 r 之间作出选择；作为消费者，他们具有多样化的特征，需要消费所有的产品和服务。在这些产品和服务中，x 是农产品，具有土地密集性的特征，所以生产农产品 x 的经济主体必须分散居住；y 和 z 是工业品，生产时只需较少的土地，服务 r 也不具有土地密集性的特征，所以生产 y 和 z 以及提供服务 r 的经济主体既可以分散居住也可以集中居住。

（2）在新兴古典经济学中，假定购买一单位商品或服务的交易成本系数为 $1-k$，或者假设交易效率为 k，$k\in(0, 1)$。另外，庞春（2009）④ 把交易服务如交易效率一样引入模型。本书也沿用这一方式。本章的服务特指交易服务。

（3）本章将选择生产工业品和提供服务而不从事农产品生产的经济主体称为 G 类人，而将从事农产品生产（不管是否选择生产工业品和提供服务）的经济主体称为 N 类人。分别令 G 类人之间进行交易的交易效率为 n，G 类人和 N 类人之间进行交易的交易效率为 s，N 类人之间进行交易的交易效率为 m，则可得 $n>s>m$。⑤

基于上述假设，每个经济主体的决策行为可以表示为如下决策模型。

$$\max\ u=[x+k(r+kr^{d})x^{d}]^{\alpha}\ [y+k(r+kr^{d})y^{d}]^{\beta}\ [z+k(r+kr^{d})z^{d}]^{\eta} \tag{3.1}$$

$$\text{s.t.}\ \ x^{p}=x+x^{s}=L_{x}{}^{a} \tag{3.2}$$

$$y^{p}=y+y^{s}=L_{y}{}^{a} \tag{3.3}$$

$$z^{p}=z+z^{s}=L_{z}{}^{a} \tag{3.4}$$

$$r^{p}=r+r^{s}=L_{r}{}^{a} \tag{3.5}$$

$$L_{x}+L_{y}+L_{z}+L_{r}=1 \tag{3.6}$$

---

① YANG X. Development, structure change, and urbanization [J]. Journal of Development Economics, 1990, 34 (1-2): 199-222.

② YANG X, RICE R. An equilibrium model endogenizing the emergence of a dual structure between the urban and rural Sectors [J]. Journal of Urban Economics, 1994, 35 (3): 346-368.

③ 杨小凯．发展经济学［M］．北京：社会科学文献出版社，2003.

④ 庞春．为什么交易服务中间商存在？内生分工的一般均衡分析［J］．经济学（季刊），2009（2）：583—610.

⑤ 杨小凯．发展经济学［M］．北京：社会科学文献出版社，2003.

$$p_x(x^s - x^d) + p_y(y^s - y^d) + p_z(z^s - z^d) + p_r(r^s - r^d) = 0 \tag{3.7}$$

需要指出的是，所有的决策变量均为非负数。其中，（3.1）式为科布—道格拉斯效用函数。这里假定 $\alpha = \beta = \eta = \frac{1}{3}$，即表示三种产品对效用的贡献度都相同，这是为了便于计算而假定的，它不会改变模型推导的基本结论。同时，所有的生产者—消费者具有相同的偏好。x、y、z、r 分别表示三种产品及服务的自给量；x^d、y^d、z^d、r^d 分别表示三种产品及服务的需求量。（3.2）式是产品 x 的生产函数，x 和 x^s 分别表示产品 x 的自给量和供给量，L_x 表征生产产品 x 时的劳动投入量，a 表示个人专业化程度（假定 $a>1$，确保生产系统具有专业化经济的特性）。同理，（3.3）式是产品 y 的生产函数，（3.4）式是产品 z 的生产函数，（3.5）式是服务 r 的生产函数。（3.6）式表示资源约束条件，这里显示出投入在产品和服务上的资源总量总是 1。（3.7）式是预算约束条件，表示所有产品和服务的售出额总是等于购入额，p_i（$i = x, y, z, r$）是产品或服务的价格。

3.3 超边际决策与分工结构的均衡

文定理：最优决策为任何人从不同时买和卖同种产品，从不同时买和生产同种产品，每个人最多卖一种产品。①

根据文定理，本书总结出以下几种可能成为一般均衡结构的分工结构：

①结构 A：自给自足。每个经济主体自给三种产品 x、y、z。由于产品之间不存在交易，所以就不存在服务 r 的提供。此时，每个经济主体的决策问题为：

$$\begin{aligned}
&\max\ u = (xyz)^{\frac{1}{3}} \\
&\text{s.t.}\ x^p = x = L_x^{\ a} \\
&\qquad y^p = y = L_y^{\ a} \\
&\qquad z^p = z = L_z^{\ a} \\
&\qquad L_x + L_y + L_z = 1
\end{aligned} \tag{3.8}$$

（3.8）式中，x、y、z、L_x、L_y 和 L_z 表示决策变量。解这个最优化问题，可得各个变量相应的均衡解为：

① 杨小凯．发展经济学［M］．北京：社会科学文献出版社，2003：66—67.

$$x=y=z=\left(\frac{1}{3}\right)^{a};\ L_x=L_y=L_z=\frac{1}{3};\ u_A=\left(\frac{1}{3}\right)^{a} \tag{3.9}$$

②结构 B：部分分工Ⅰ。在这种分工结构中，每个经济主体自给三种产品和一种服务中的三种，而从外部购买自己不生产的一种。这个分工结构包括以下几种组合。

组合 $B1$：xyr/z 和 xzr/y。xyr/z 表示自给 x、y、r 而买 z 的一类经济主体。其他类似符号意思相同，如 xzr/y 表示自给 x、z、r 而买 y 的一类经济主体，下文的类似符号不再赘述。

对于 xyr/z 而言，有：

$$\begin{aligned}\max\ & u=(xymrz^{d})^{\frac{1}{3}}\\ \text{s.t.}\ & x^{p}=x=L_x^{\ a}\\ & y^{p}=y+y^{s}=L_y^{\ a}\\ & r^{p}=r=L_r^{\ a}\\ & L_x+L_y+L_r=1\\ & p_y y^{s}=p_z z^{d}\end{aligned} \tag{3.10}$$

（3.10）式中，p_y 和 p_z 表示价格参数。

解这个最优化问题，可得各个变量相应的均衡解为：

$$x=r=\left(\frac{1}{4}\right)^{a};\quad z^{d}=\frac{p_y}{p_z}.\left(\frac{1}{2}\right)^{a+1};\quad y=y^{s}=\left(\frac{1}{2}\right)^{a+1};\quad L_x=L_r=\frac{1}{4};\quad L_y=\frac{1}{2};$$

$$u=m^{\frac{1}{3}}\left(\frac{1}{4}\right)^{\frac{2a}{3}}\left(\frac{1}{2}\right)^{\frac{2(a+1)}{3}}\left(\frac{p_y}{p_z}\right)^{\frac{1}{3}} \tag{3.11}$$

同样，对于模式 xzr/y 而言，可得到均衡效用为：

$$u=m^{\frac{1}{3}}\left(\frac{1}{4}\right)^{\frac{2a}{3}}\left(\frac{1}{2}\right)^{\frac{2(a+1)}{3}}\left(\frac{p_z}{p_y}\right)^{\frac{1}{3}} \tag{3.12}$$

利用效用均等条件可以计算出结果

$$p_y:p_z=1:1;\ u_{B1}=m^{\frac{1}{3}}\left(\frac{1}{4}\right)^{\frac{2a}{3}}\left(\frac{1}{2}\right)^{\frac{2(a+1)}{3}} \tag{3.13}$$

组合 $B2$：xyr/z 和 yzr/x。按照组合一解最优化问题的方法，同样可以解出均衡效用

$$u_{B2}=s^{\frac{1}{3}}\left(\frac{1}{4}\right)^{\frac{2a}{3}}\left(\frac{1}{2}\right)^{\frac{2(a+1)}{3}} \tag{3.14}$$

组合 $B3$：xzr/y 和 yzr/x。这个组合与组合 $B2$ 相对称，所以本章只考虑组合 $B2$。

组合 $B4$：yzr/x 和 xyz/r。在这个组合中，由于处于模式 xyz/r 中的一类经济主体与处于模式 yzr/x 中的一类经济主体之间不会发生交易，所以，处于模

式 yzr/x 中的一类经济主体不可能在市场中买到产品 x。因此，组合 $B4$ 不会存在，不需要加以考虑。

像组合 $B4$ 中一样，本章也不考虑组合 $B5$（xyr/z 和 xyz/r）以及组合 $B6$（xzr/y 和 xyz/r）。

已知 $s>m$，则可得 $u_{B2}=s^{\frac{1}{3}}\left(\frac{1}{4}\right)^{\frac{2a}{3}}\left(\frac{1}{2}\right)^{\frac{2(a+1)}{3}}>u_{B1}=m^{\frac{1}{3}}\left(\frac{1}{4}\right)^{\frac{2a}{3}}\left(\frac{1}{2}\right)^{\frac{2(a+1)}{3}}$，因此，可推出组合 $B2$ 和组合 $B3$ 是结构 B 的局部均衡。此时的均衡效用为：

$$u_B=s^{\frac{1}{3}}\left(\frac{1}{4}\right)^{\frac{2a}{3}}\left(\frac{1}{2}\right)^{\frac{2(a+1)}{3}} \tag{3.15}$$

③结构 C：部分分工Ⅱ。每个经济主体自给三种产品和一种服务中的两种，而购买另外不生产的两种。结构 C 也包括多个组合。为了便于分析，本章把所有组合分为两大类：一类出现了服务业的分工深化，而另一类没有。首先，来分析没有出现服务业分工深化的组合。

组合 $C1$：xr/yz，yr/xz 和 zr/xy。这个组合包括以下三种模式：模式 xr/yz 表示自给 x 和 r，而买 y 和 z 的一类经济主体；模式 yr/xz 表示自给 y 和 r，而买 x 和 z 的一类经济主体；模式 zr/xy 表示自给 z 和 r，而买 x 和 y 的一类经济主体。此时，每个经济主体的决策问题为：

对于模式 xr/yz 而言，有：

$$\begin{aligned}
&\max\ u=(xsry^dsrz^d)^{\frac{1}{3}}\\
&\text{s.t.}\quad x^p=x+x^s=L_x{}^a\\
&\qquad r^p=r=L_r{}^a\\
&\qquad L_x+L_r=1\\
&\qquad p_xx^s=p_yy^d+p_zz^d
\end{aligned} \tag{3.16}$$

解这个最优化问题，可得均衡效用为：

$$u=\frac{1}{3}\left(\frac{2}{5}\right)^{\frac{2a}{3}}\left(\frac{3}{5}\right)^a s^{\frac{2}{3}}\left(\frac{p_x{}^2}{p_yp_z}\right)^{\frac{1}{3}} \tag{3.17}$$

同理，可以分别得到模式 yr/xz 和 zr/xy 的均衡效用为：

$$u=\frac{1}{3}\left(\frac{2}{5}\right)^{\frac{2a}{3}}\left(\frac{3}{5}\right)^a\left(sn\frac{p_y{}^2}{p_xp_z}\right)^{\frac{1}{3}};\quad u=\frac{1}{3}\left(\frac{2}{5}\right)^{\frac{2a}{3}}\left(\frac{3}{5}\right)^a\left(sn\frac{p_z{}^2}{p_xp_y}\right)^{\frac{1}{3}} \tag{3.18}$$

利用效用均等条件，同样可求得各产品价格比值以及均衡效用为：

$$p_x:p_y:p_z=n^{\frac{1}{3}}:s^{\frac{1}{3}}:s^{\frac{1}{3}};\quad u_{C1}=\frac{1}{3}s^{\frac{4}{9}}n^{\frac{2}{9}}\left(\frac{2}{5}\right)^{\frac{2a}{3}}\left(\frac{3}{5}\right)^a \tag{3.19}$$

利用上述均衡解可以进一步求出三种模式中各个决策变量。

对于模式 xr/yz，有：

$$L_x=\frac{3}{5};\ L_r=\frac{2}{5};\ r=\left(\frac{2}{5}\right)^a;\ x=\frac{1}{3}\left(\frac{3}{5}\right)^a;$$

$$x^s=\frac{2}{3}\left(\frac{3}{5}\right)^a;\ y^d=\frac{1}{3}\left(\frac{3}{5}\right)^a\left(\frac{n}{s}\right)^{\frac{1}{3}};\ z^d=\frac{1}{3}\left(\frac{3}{5}\right)^a\left(\frac{n}{s}\right)^{\frac{1}{3}} \tag{3.20}$$

对于模式 yr/xz，有：

$$L_y=\frac{3}{5};\ L_r=\frac{2}{5};\ r=\left(\frac{2}{5}\right)^a;\ y=\frac{1}{3}\left(\frac{3}{5}\right)^a;$$

$$y^s=\frac{2}{3}\left(\frac{3}{5}\right)^a;\ x^d=\frac{1}{3}\left(\frac{3}{5}\right)^a\left(\frac{s}{n}\right)^{\frac{1}{3}};\ z^d=\frac{1}{3}\left(\frac{3}{5}\right)^a \tag{3.21}$$

对于模式 zr/xy，有：

$$L_z=\frac{3}{5};\ L_r=\frac{2}{5};\ r=\left(\frac{2}{5}\right)^a;\ z^s=\frac{2}{3}\left(\frac{3}{5}\right)^a;$$

$$z=\frac{1}{3}\left(\frac{3}{5}\right)^a;\ x^d=\frac{1}{3}\left(\frac{3}{5}\right)^a\left(\frac{s}{n}\right)^{\frac{1}{3}};\ y^d=\frac{1}{3}\left(\frac{3}{5}\right)^a \tag{3.22}$$

接着，考虑存在服务业分工深化的组合。

组合 $C2$：xy/rz，xz/ry 和 xr/zy。按照组合 $C1$ 的求解方法，可解得这个组合以下的价格比值以及均衡效用：

$$p_y:p_z:p_r=1:1:\frac{4^a}{5^{\frac{5a}{3}}};\ u_{C2}=\frac{1}{3}\left(\frac{1}{5}\right)^{\frac{10a}{9}}\left(\frac{8}{5}\right)^{\frac{2a}{3}}\left(\frac{3}{5}\right)^a m^{\frac{2}{3}} \tag{3.23}$$

同理，利用上述均衡解可以进一步求出各种模式中各个决策变量。

对于模式 xy/rz，有：

$$L_y=\frac{3}{4};\ L_x=\frac{1}{4};\ y^s=\frac{2}{3}\left(\frac{3}{4}\right)^a;\ y=\frac{1}{3}\left(\frac{3}{4}\right)^a;\ x=\left(\frac{1}{4}\right)^a;$$

$$z^d=\frac{1}{3}\left(\frac{3}{4}\right)^a;\ r^d=\frac{1}{3}\left(\frac{3}{4}\right)^a\frac{4^a}{5^{\frac{5a}{3}}} \tag{3.24}$$

对于模式 xz/ry，有：

$$L_z=\frac{3}{4};\ L_x=\frac{1}{4};\ z^s=\frac{2}{3}\left(\frac{3}{4}\right)^a;\ z=\frac{1}{3}\left(\frac{3}{4}\right)^a;\ x=\left(\frac{1}{4}\right)^a;$$

$$y^d=\frac{1}{3}\left(\frac{3}{4}\right)^a;\ r^d=\frac{1}{3}\left(\frac{3}{4}\right)^a\frac{4^a}{5^{\frac{5a}{3}}} \tag{3.25}$$

对于模式 xr/zy，有：

$$L_r=\frac{3}{5};\ L_x=\frac{2}{5};\ x=\left(\frac{2}{5}\right)^a;\ r=\frac{1}{3}\left(\frac{3}{5}\right)^a;\ r^s=\frac{2}{3}\left(\frac{3}{5}\right)^a;$$

$$y^d=\frac{1}{3}\left(\frac{3}{5}\right)^a\frac{5^{\frac{5a}{3}}}{4^a};\ z^d=\frac{1}{3}\left(\frac{3}{5}\right)^a\frac{5^{\frac{5a}{3}}}{4^a} \tag{3.26}$$

组合 C3：xz/ry，yz/rx 和 rz/yx。同样按照组合 C1 的求解方法，解出这个组合的价格比值和均衡效用：

$$p_x:p_y:p_r=n^{\frac{1}{3}}:s^{\frac{1}{3}}:\left(\frac{5}{4}\right)^{\frac{5a}{3}};\quad u_{C3}=\frac{1}{3}\left(\frac{5}{4}\right)^{\frac{10a}{9}}\left(\frac{2}{5}\right)^{\frac{2a}{3}}\left(\frac{3}{5}\right)^{a}s^{\frac{1}{3}}n^{\frac{2}{9}} \tag{3.27}$$

同样，进一步求出三种模式中各个决策变量。

对于模式 xz/ry，有：

$$L_x=\frac{3}{4};\ L_z=\frac{1}{4};\ x=\frac{1}{3}\left(\frac{3}{4}\right)^{a};\ z=\left(\frac{1}{4}\right)^{a};\ x^s=\frac{2}{3}\left(\frac{3}{4}\right)^{a};$$

$$y^d=\frac{1}{3}\left(\frac{3}{4}\right)^{a}\left(\frac{n}{s}\right)^{\frac{1}{3}};\ r^d=\frac{1}{3}\left(\frac{3}{4}\right)^{a}\left(\frac{4}{5}\right)^{\frac{5a}{3}}n^{\frac{1}{3}} \tag{3.28}$$

对于模式 yz/rx，有：

$$L_y=\frac{3}{4};\ L_z=\frac{1}{4},\ y=\frac{1}{3}\left(\frac{3}{4}\right)^{a};\ z=\left(\frac{1}{4}\right)^{a};\ y^s=\frac{2}{3}\left(\frac{3}{4}\right)^{a};$$

$$x^d=\frac{1}{3}\left(\frac{3}{4}\right)^{a}\left(\frac{s}{n}\right)^{\frac{1}{3}};\ r^d=\frac{1}{3}\left(\frac{3}{4}\right)^{a}\left(\frac{4}{5}\right)^{\frac{5a}{3}}s^{\frac{1}{3}} \tag{3.29}$$

对于模式 rz/yx，有：

$$L_r=\frac{3}{5};\ L_z=\frac{2}{5};\ z=\left(\frac{2}{5}\right)^{a};\ r=\frac{1}{3}\left(\frac{3}{5}\right)^{a};\ r^s=\frac{2}{3}\left(\frac{3}{5}\right)^{a};$$

$$x^d=\frac{1}{3}\left(\frac{3}{5}\right)^{a}\left(\frac{4}{5}\right)^{\frac{5a}{3}}n^{-\frac{1}{3}};\ y^d=\frac{1}{3}\left(\frac{3}{5}\right)^{a}\left(\frac{5}{4}\right)^{\frac{5a}{3}}s^{-\frac{1}{3}} \tag{3.30}$$

组合 C4：xy/zr，zy/xr 和 ry/xz。这个组合与组合 C3 相对称，所以本章不予考虑。

比较组合 C1 和组合 C2 的均衡效用，可得

$$\frac{u_{C2}}{u_{C1}}=\frac{m^2}{s^{\frac{4}{3}}n^{\frac{2}{3}}}\left(\frac{16}{5^{\frac{10}{3}}}\right)^{a} \tag{3.31}$$

已知 $0<m<s<n<1$，$a>1$，所以可求得 $u_{C2}<u_{C1}$。

同样，比较组合 C1 和组合 C3 的均衡效用，可得

$$\frac{u_{C3}}{u_{C1}}=\frac{\left(\frac{5}{4}\right)^{\frac{10a}{3}}}{s^{\frac{1}{3}}} \tag{3.32}$$

已知 $0<s<1$，$a>1$，所以可求得 $u_{C3}>u_{C1}$。

由上述比较结果可知，组合 C3 和组合 C4 是结构 C 的局部均衡，此时，均衡效用为：

$$u_C=\frac{1}{3}\left(\frac{5}{4}\right)^{\frac{10a}{9}}\left(\frac{2}{5}\right)^{\frac{2a}{3}}\left(\frac{3}{5}\right)^{a}s^{\frac{1}{3}}n^{\frac{2}{9}} \tag{3.33}$$

④结构 D：完全分工。每个经济主体自给三种产品和一种服务中的一种，而购买另外不生产的三种。这时有四类经济主体。一是 x/yrz，表示只生产并卖 x 而买 y、z 和 r 的一类人；二是 y/xrz，表示只生产并卖 y 而买 x、z 和 r 的一类人；三是 z/xyr，表示只生产并卖 z 而买 x、y 和 r 的一类人；四是 r/xyz，表示只生产并卖 r 而买 x、y 和 z 的一类人。在这种情况下，每个经济主体的决策问题可以写为：

对于模式 x/yrz 而言，有：

$$\begin{aligned} &\max\ u=(xssr^d y^d ssr^d z^d)^{\frac{1}{3}} \\ &\text{s.t. } x^p=x+x^s=L_x{}^a \\ &L_x=1 \\ &p_x x^s=p_y y^d+p_z z^d+p_r r^d \end{aligned} \tag{3.34}$$

解得均衡效用为：

$$u=\frac{1}{5}\left(\frac{2}{5}\right)^{\frac{2}{3}}s^{\frac{4}{3}}\left(\frac{p_x{}^4}{p_y p_z p_r{}^2}\right)^{\frac{1}{3}} \tag{3.35}$$

同样，分别可求得模式 y/xrz，z/xyr 和 r/xyz 的均衡效用为：

$$u=\frac{1}{5}\left(\frac{2}{5}\right)^{\frac{2}{3}}\left(s^2n^2\frac{p_y{}^4}{p_x p_z p_r{}^2}\right)^{\frac{1}{3}};\ u=\frac{1}{5}\left(\frac{2}{5}\right)^{\frac{2}{3}}\left(s^2n^2\frac{p_z{}^4}{p_x p_y p_r{}^2}\right)^{\frac{1}{3}};$$

$$u=\frac{1}{12}\left(sn^2\frac{p_r{}^3}{p_x p_y p_z}\right)^{\frac{1}{3}} \tag{3.36}$$

利用效用均等条件可求得各产品价格比值和该组合的均衡效用分别为：

$$p_x:p_y:p_z:p_r=\frac{n^{\frac{2}{5}}}{s^{\frac{2}{5}}}:1:1:\frac{\left(\frac{1}{5}\right)^{\frac{3}{5}}\left(\frac{2}{5}\right)^{\frac{2}{5}}s^{\frac{1}{5}}}{\left(\frac{1}{2}\right)^{\frac{3}{5}}\left(\frac{1}{6}\right)^{\frac{3}{5}}};\quad u=\left(\frac{2}{5}\right)^{\frac{14}{15}}\left(\frac{1}{5}\right)^{\frac{7}{5}}12^{\frac{16}{15}}s^{\frac{6}{5}}n^{\frac{4}{15}} \tag{3.37}$$

从而可以求出三种模式中各个决策变量。

对于模式 x/yrz，有：

$$L_x=1;\ x=\frac{1}{5};\ x^s=\frac{4}{5};\ y^d=\frac{1}{5}n^{\frac{2}{5}}s^{-\frac{2}{5}};$$

$$z^d=\frac{1}{5}n^{\frac{2}{5}}s^{-\frac{2}{5}};\ r^d=\frac{2}{5}\cdot\frac{\left(\frac{1}{2}\right)^{\frac{3}{5}}\left(\frac{1}{6}\right)^{\frac{3}{5}}}{\left(\frac{1}{5}\right)^{\frac{3}{5}}\left(\frac{2}{5}\right)^{\frac{2}{5}}s^{\frac{1}{5}}}n^{\frac{2}{5}}s^{-\frac{2}{5}} \tag{3.38}$$

对于模式 y/xrz，有：

$$L_y=1;\ y=\frac{1}{5},\ y^s=\frac{4}{5};\ x^d=\frac{1}{5}n^{-\frac{2}{5}}s^{\frac{2}{5}};$$

$$z^d=\frac{1}{5};\ r^d=\frac{2}{5}\frac{\left(\frac{1}{2}\right)^{\frac{3}{5}}\left(\frac{1}{6}\right)^{\frac{3}{5}}}{\left(\frac{1}{5}\right)^{\frac{3}{5}}\left(\frac{2}{5}\right)^{\frac{2}{5}}s^{\frac{1}{5}}} \tag{3.39}$$

对于模式 z/xyr，有：

$$L_z=1;\ z=\frac{1}{5};\ z^s=\frac{4}{5};\ x^d=\frac{1}{5}n^{-\frac{2}{5}}s^{\frac{2}{5}};$$

$$y^d=\frac{1}{5};\ r^d=\frac{2}{5}\frac{\left(\frac{1}{2}\right)^{\frac{3}{5}}\left(\frac{1}{6}\right)^{\frac{3}{5}}}{\left(\frac{1}{5}\right)^{\frac{3}{5}}\left(\frac{2}{5}\right)^{\frac{2}{5}}s^{\frac{1}{5}}} \tag{3.40}$$

对于模式 r/xyz，有：

$$L_r=1;\ r=\frac{1}{2};\ r^s=\frac{1}{2};\ x^d=\frac{1}{6}\frac{\left(\frac{1}{5}\right)^{\frac{3}{5}}\left(\frac{2}{5}\right)^{\frac{2}{5}}s^{\frac{1}{5}}}{\left(\frac{1}{2}\right)^{\frac{3}{5}}\left(\frac{1}{6}\right)^{\frac{3}{5}}}n^{-\frac{2}{5}}s^{\frac{2}{5}};$$

$$y^d=\frac{1}{6}\frac{\left(\frac{1}{5}\right)^{\frac{3}{5}}\left(\frac{2}{5}\right)^{\frac{2}{5}}s^{\frac{1}{5}}}{\left(\frac{1}{2}\right)^{\frac{3}{5}}\left(\frac{1}{6}\right)^{\frac{3}{5}}};\ z^d=\frac{1}{6}\frac{\left(\frac{1}{5}\right)^{\frac{3}{5}}\left(\frac{2}{5}\right)^{\frac{2}{5}}s^{\frac{1}{5}}}{\left(\frac{1}{2}\right)^{\frac{3}{5}}\left(\frac{1}{6}\right)^{\frac{3}{5}}} \tag{3.41}$$

由于完全分工只有一种组合，所以，此时均衡效用为：

$$u_D=\left(\frac{2}{5}\right)^{\frac{14}{15}}\left(\frac{1}{5}\right)^{\frac{7}{5}}12^{\frac{16}{15}}s^{\frac{6}{5}}n^{\frac{4}{15}} \tag{3.42}$$

当 $u_A>u_B$，$u_A>u_C$ 和 $u_A>u_D$ 时，一般均衡是结构 A；当 $u_B>u_A$，$u_B>u_C$ 和 $u_B>u_D$ 时，一般均衡是结构 B；当 $u_C>u_A$，$u_C>u_B$ 和 $u_C>u_D$ 时，一般均衡是结构 C；当 $u_D>u_A$，$u_D>u_B$ 和 $u_D>u_C$ 时，一般均衡是结构 D。通过计算，可以得出如表 3.1 中所显示的角点均衡。其中，$s_1=\left(\frac{1}{3}\right)^{3a}2^{6a+2}$；

$n_1=27^{\frac{3}{2}}\left(\frac{1}{3}\right)^{\frac{9a}{2}}\left(\frac{5}{2}\right)^{3a}\left(\frac{5}{3}\right)^{\frac{9a}{2}}\left(\frac{4}{5}\right)^{5a}s^{\frac{-3}{2}}$；$n_2=27^{\frac{3}{2}}2^{-7a-3}\left(\frac{1}{3}\right)^{\frac{9a}{2}}5^{\frac{5a}{2}}$；$n_3=\frac{3^{-\frac{15a}{4}}}{2^{\frac{7}{2}}5^{-\frac{35}{4}}12^4}s^{-\frac{9}{2}}$；

$n_4=\frac{4^{\frac{-15a-5}{4}}}{2^{\frac{7}{2}}5^{-\frac{35}{4}}12^4}s^{-\frac{13}{4}}$；$n_5=\frac{3^{\frac{45a}{2}}4^{\frac{-35a}{2}}5^{\frac{-25a}{2}}}{2^{21}5^{-\frac{105}{2}}12^{24}27^{-\frac{15}{2}}}s^{-\frac{39}{2}}$。

表 3.1 角点均衡

s 和 n 的取值范围	均衡结构
$0<m<s<s_1\leqslant n<\min\{n_1, n_2\}$	A
$s_1<s<n<\min\{n_2, n_4\}$	B
$\max\{n_1, n_2\}<n<n_5$	C
$\max\{n_3, n_4, n_5\}<n<1$	D

3.4 城市形成与发展的内在机制

3.4.1 城市形成的机理分析

在结构 A 中，由于每个经济主体都生产农产品，而农产品具有土地密集性的特征，所以他们不得不分散居住。而城市的一个显著特征就是人口在空间上的高度集中，所以这种分工结构无法形成城市。另外，此时每个经济主体自我提供工业品，所以工业品没有出现分工深化。结构 A 是中国几千年来“你耕田来我织布”的以自给自足为特征的封建社会自然经济的集中反映。

在结构 B 中，局部均衡为组合 $B2$ 和组合 $B3$。由于这两个组合呈对称性，只需分析组合 $B2$。组合 $B2$ 有 xyr/z 和 yzr/x 两类人，其中，xyr/z 一类人不再生产工业品 z，而由 yzr/x 一类人专门生产，这说明组合 $B2$ 中出现了工业品的分工深化。尽管如此，由于 yzr/x 一类人只能和 xyr/z 一类人进行交易，所以他们为了节约交易成本，从而提高交易效率，会选择靠近 xyr/z 一类人而居住。而 xyr/z 一类人却居住在农村，原因在于这类人要生产农产品，而农产品属于土地密集性产品，所以他们不得不分散居住在农村。[1] 因此，这种分工结构也无法形成城市。组合 $B2$ 鲜明反映了中国改革开放后，在乡镇企业蓬勃发展的同时，城市却发展缓慢的现实情形。

在结构 C 中，局部均衡为组合 $C3$ 和组合 $C4$。由于组合 $C4$ 和组合 $C3$ 是对称的，所以只需考虑组合 $C3$。组合 $C3$ 中有三类人，分别为 xz/ry，yz/rx 和 rz/yx。对比组合 $B2$ 可以发现，随着交易效率的提高，分工结构从组合 $B2$ 演进到组合 $C3$，与组合 $B2$ 中 yzr/x 一类人相比，组合 $C3$ 中 rz/yx 一类人不再生

---

① 这种情况就是农村工业化发展的情形，高帆的研究也得出了这一结论。高帆．论二元经济结构的转化趋向［J］．经济研究，2005（9）：91—102.

产工业品 y，而由 yz/rx 一类人专门生产，这就意味着组合 $C3$ 出现了工业品的分工深化。另外，可以发现 $C3$ 与组合 $B2$ 有一个显著的不同，那就是出现了从农产品中分离出来的可以进行分工的两类人 yz/rx 和 rz/yx。由于工业品和服务都不具有土地密集性，所以他们既可以集中居住也可以分散居住。为了获取更高的交易效率 n，他们必定选择集中在某地而不是分散。随着脱离农产品的经济主体在某地的不断集中，该地最终就会形成初始的城市。

由上述分析可知，只有分工结构演进到结构 C，城市才可以出现。而只有 n 增大到一定程度，即满足 $\max\{n_1, n_2\} < n$，分工结构才会演进到结构 C。已知 $n_1 = 27^{\frac{3}{2}}\left(\frac{1}{3}\right)^{\frac{9a}{2}}\left(\frac{5}{2}\right)^{3a}\left(\frac{5}{3}\right)^{\frac{9a}{2}}\left(\frac{4}{5}\right)^{5a}s^{\frac{-3}{2}}$ 和 $n_2 = 27^{\frac{3}{2}}2^{-7a-3}\left(\frac{1}{3}\right)^{\frac{9a}{2}}5^{\frac{5a}{2}}$。如果 $n_1 > n_2$，也就是 $s > 2^{\frac{-14a-6}{3}}\left(\frac{1}{3}\right)^{-3a}\left(\frac{5}{2}\right)^{-2a}5^{\frac{-4a}{3}}\left(\frac{4}{5}\right)^{\frac{-10a}{3}}$，那么 $\max\{n_1, n_2\} < n$ 就等价于 $n > n_1$，也就是意味着 $27^{\frac{3}{2}}\left(\frac{1}{3}\right)^{\frac{9a}{2}}\left(\frac{5}{2}\right)^{3a}\left(\frac{5}{3}\right)^{\frac{9a}{2}}\left(\frac{4}{5}\right)^{5a} < ns^{\frac{3}{2}}$。反之，如果 $n_1 < n_2$，也就是 $s < 2^{\frac{-14a-6}{3}}\left(\frac{1}{3}\right)^{-3a}\left(\frac{5}{2}\right)^{-2a}5^{\frac{-4a}{3}}\left(\frac{4}{5}\right)^{\frac{-10a}{3}}$，那么 $\max\{n_1, n_2\} < n$ 就等价于 $n > n_2$，也就是意味着 $27^{\frac{3}{2}}2^{-7a-3}\left(\frac{1}{3}\right)^{\frac{9a}{2}}5^{\frac{5a}{2}} < n$。这说明在工业品（服务）和农产品之间的交易效率较高时，也就是 $s > 2^{\frac{-14a-6}{3}}\left(\frac{1}{3}\right)^{-3a}\left(\frac{5}{2}\right)^{-2a}5^{\frac{-4a}{3}}\left(\frac{4}{5}\right)^{\frac{-10a}{3}}$，从而使综合交易效率 $ns^{\frac{3}{2}}$ 增高到一定程度，也就是满足 $27^{\frac{3}{2}}\left(\frac{1}{3}\right)^{\frac{9a}{2}}\left(\frac{5}{2}\right)^{3a}\left(\frac{5}{3}\right)^{\frac{9a}{2}}\left(\frac{4}{5}\right)^{5a} < ns^{\frac{3}{2}}$，结构 C 才可以成为均衡结构。如果工业品（服务）和农产品之间的交易效率较低，也就是 $s < 2^{\frac{-14a-6}{3}}\left(\frac{1}{3}\right)^{-3a}\left(\frac{5}{2}\right)^{-2a}5^{\frac{-4a}{3}}\left(\frac{4}{5}\right)^{\frac{-10a}{3}}$，那么结构 C 成为均衡结构必须要求工业品（服务）相互之间的交易效率足够高，也就是满足 $27^{\frac{3}{2}}2^{-7a-3}\left(\frac{1}{3}\right)^{\frac{9a}{2}}5^{\frac{5a}{2}} < n$。因此可得

命题 3.1[①]**：随着工业品（服务）相互之间交易效率的不断提高，均衡的分工结构不断向高水平分工结构演进，最终导致初始城市的形成。在这过程中，当工业品（服务）和农产品之间的交易效率提高到一定程度时，它可以**

① 归根结底来说，城市的出现是分工演进的结果，这一点与新兴古典城市化理论是一致的。

弥补较低的工业品（服务）相互之间的交易效率，从而使初始城市的形成所要求的均衡分工结构在它较低时也能够出现。

3.4.2 城市发展的机理分析

在结构 D 中，有四类人：x/yrz，y/xrz，z/xyr 和 r/xyz。与组合 $C3$ 相比，工业品的生产进一步地分工深化，此时，出现了专门生产工业品 y 的一类人 y/xrz 和专门生产工业品 z 的一类人 z/xyr。与结构 C 相同，处于模式 y/xrz，z/xyr 和 r/xyz 的三类人为了获取较高的交易效率 n，会选择集中在某地而不是分散，这同样使城市得以形成。

由上述分析可知，只有在结构 C 和结构 D 中才可以形成城市。于是本节主要通过对比这两种结构来探讨城市发展的内在机理。由于城市人口的增加是城市发展的一个主要表现，而城市人口的增加主要表现为城市化率的提高，所以，本节通过对比这两种分工结构的城市化率来分析它们各自的城市发展情况。

组合 $C3$ 代表着结构 C，所以这里先来分析组合 $C3$ 中的城市化情况。令处于模式 xz/ry，yz/rx 和 rz/yx 的人数分别为 M_x、M_y 和 M_r，则总人口为 $M=M_x+M_y+M_r$，城市化率为 $CS_{C3}=\dfrac{M_y+M_r}{M_x+M_y+M_r}$。由每种产品的供求相等可得

$$\begin{cases} M_x x^s = M_y \cdot \dfrac{1}{3}\left(\dfrac{3}{4}\right)^a\left(\dfrac{s}{n}\right)^{\frac{1}{3}} + M_r \cdot \dfrac{1}{3}\left(\dfrac{3}{5}\right)^a\left(\dfrac{4}{5}\right)^{\frac{5a}{3}} n^{-\frac{1}{3}} \\ M_y y^s = M_x \cdot \dfrac{1}{3}\left(\dfrac{3}{4}\right)^a\left(\dfrac{n}{s}\right)^{\frac{1}{3}} + M_r \cdot \dfrac{1}{3}\left(\dfrac{3}{5}\right)^a\left(\dfrac{5}{4}\right)^{\frac{5a}{3}} s^{-\frac{1}{3}} \\ M_r r^s = M_x \cdot \dfrac{1}{3}\left(\dfrac{3}{4}\right)^a\left(\dfrac{4}{5}\right)^{\frac{5a}{3}} n^{\frac{1}{3}} + M_y \cdot \dfrac{1}{3}\left(\dfrac{3}{4}\right)^a\left(\dfrac{4}{5}\right)^{\frac{5a}{3}} s^{\frac{1}{3}} \end{cases} \tag{3.43}$$

解上述方程组可求得

$$CS_{C3} = \frac{M_y+M_r}{M_x+M_y+M_r} = \frac{4+3\left(\dfrac{4}{5}\right)^{\frac{7a}{3}} s^{\frac{1}{3}}}{2\left(\dfrac{s}{n}\right)^{\frac{1}{3}}+4+3\left(\dfrac{4}{5}\right)^{\frac{7a}{3}} s^{\frac{1}{3}}} \tag{3.44}$$

在结构 D 中，同样令处于模式 x/yrz，y/xrz，z/xyr 和 r/xyz 的人数分别为 M_x、M_y、M_z 和 M_r，则总人口为 $M=M_x+M_y+M_z+M_r$，城市化率为 $CS_D=\dfrac{M_z+M_y+M_r}{M_x+M_y+M_z+M_r}$。由每种产品的供求相等可得

$$\begin{cases}
\frac{4}{5}M_x = M_y\frac{1}{5}n^{-\frac{2}{5}}s^{\frac{2}{5}} + M_z\frac{1}{5}n^{-\frac{2}{5}}s^{\frac{2}{5}} + M_r\frac{1}{6}\frac{\left(\frac{1}{5}\right)^{\frac{3}{5}}\left(\frac{2}{5}\right)^{\frac{2}{5}}s^{\frac{1}{5}}}{\left(\frac{1}{2}\right)^{\frac{3}{5}}\left(\frac{1}{6}\right)^{\frac{3}{5}}}n^{-\frac{2}{5}}s^{\frac{2}{5}} \\
\frac{4}{5}M_y = M_x\frac{1}{5}n^{\frac{2}{5}}s^{-\frac{2}{5}} + M_z\frac{1}{5} + M_r\frac{1}{6}\frac{\left(\frac{1}{5}\right)^{\frac{3}{5}}\left(\frac{2}{5}\right)^{\frac{2}{5}}s^{\frac{1}{5}}}{\left(\frac{1}{2}\right)^{\frac{3}{5}}\left(\frac{1}{6}\right)^{\frac{3}{5}}} \\
\frac{4}{5}M_z = M_x\frac{1}{5}n^{\frac{2}{5}}s^{-\frac{2}{5}} + \frac{1}{5}M_y + M_r\frac{1}{6}\frac{\left(\frac{1}{5}\right)^{\frac{3}{5}}\left(\frac{2}{5}\right)^{\frac{2}{5}}s^{\frac{1}{5}}}{\left(\frac{1}{2}\right)^{\frac{3}{5}}\left(\frac{1}{6}\right)^{\frac{3}{5}}} \\
\frac{1}{2}M_r = M_x\frac{1}{5}n^{\frac{2}{5}}s^{-\frac{2}{5}}\frac{\left(\frac{1}{2}\right)^{\frac{3}{5}}\left(\frac{1}{6}\right)^{\frac{3}{5}}s^{-\frac{1}{5}}}{\left(\frac{1}{5}\right)^{\frac{3}{5}}\left(\frac{2}{5}\right)^{\frac{2}{5}}} + \frac{2}{5}\frac{\left(\frac{1}{2}\right)^{\frac{3}{5}}\left(\frac{1}{6}\right)^{\frac{3}{5}}s^{-\frac{1}{5}}}{\left(\frac{1}{5}\right)^{\frac{3}{5}}\left(\frac{2}{5}\right)^{\frac{2}{5}}}(M_y + M_z)
\end{cases} \tag{3.45}$$

解上述方程组可求得

$$CS_D = \frac{\frac{5}{6}\left(\frac{1}{5}\right)^{\frac{3}{5}}\left(\frac{2}{5}\right)^{\frac{2}{5}}s^{\frac{1}{5}} + \left(\frac{1}{2}\right)^{\frac{3}{5}}\left(\frac{1}{6}\right)^{\frac{3}{5}}}{\frac{5}{12}\left(\frac{1}{5}\right)^{\frac{3}{5}}\left(\frac{2}{5}\right)^{\frac{2}{5}}n^{-\frac{2}{5}}s^{\frac{3}{5}} + \frac{5}{6}\left(\frac{1}{5}\right)^{\frac{3}{5}}\left(\frac{2}{5}\right)^{\frac{2}{5}}s^{\frac{1}{5}} + \left(\frac{1}{2}\right)^{\frac{3}{5}}\left(\frac{1}{6}\right)^{\frac{3}{5}}} \tag{3.46}$$

比较 CS_{C3} 和 CS_D，可以得到 $CS_D > CS_{C3}$。这说明相对于结构 C，结构 D 中的城市取得了更大的发展。但是，要使结构 C 演进到结构 D，那么必须满足 $\max\{n_3, n_4, n_5\} < n$。已知，$n_3 = \frac{3^{-\frac{15}{4}a}}{2^{\frac{7}{2}}5^{-\frac{35}{4}}12^4}s^{-\frac{9}{2}}$，$n_4 = \frac{4^{\frac{-15a-5}{4}}}{2^{\frac{7}{2}}5^{-\frac{35}{4}}12^4}s^{-\frac{13}{4}}$，$n_5 = \frac{3^{\frac{45a}{2}}4^{\frac{-35a}{2}}5^{\frac{-25a}{2}}}{2^{21}5^{-\frac{105}{2}}12^{24}27^{-\frac{15}{2}}}s^{-\frac{39}{2}}$。这意味着当工业品（服务）相互之间的交易效率足够高，从而满足一定条件时，结构 C 才会演进到结构 D。在这过程中，较高的工业品（服务）和农产品之间的交易效率可使工业品（服务）相互之间的交易效率更易于满足结构 D 能够出现的条件。另外，由上述分析可知，相对于结构 C，结构 D 中的各种产品之间的分工水平更高。由此可得

命题 3.2①：城市发展依赖于产品间分工的不断演进，而产品间分工的演

① 归根结底来说，城市的发展也是分工演进的结果，这一点也与新兴古典城市化理论一致。

进受制于工业品（服务）相互之间的交易效率以及工业品（服务）和农产品之间的交易效率。

当产品之间形成完全分工之后，分工仍然会不断演进。此时，分工形式由产品间分工转向产品内分工。以前文对产品间分工的分析作为参照，人们易于厘清产品内分工的内在机制。假定产品 x 有 N 个生产环节，每两个生产环节之间的交易效率为 k_x。当 k_x 很低时，生产环节之间的分工则不会出现。随着 k_x 的不断提高，生产环节之间的分工就会不断演进。

与此同时，随着分工组织的不断演进，城市会不断发展，最终在地理空间上形成多个城市。在这种情况下，分工演进当然也会表现在城市之间。当分工组织演进到产品内分工时，一个城市不必从事一个产品的所有环节，因为一个产品的各个生产环节分离出来后是相互独立的，每个城市只需按照自身的比较优势选择从事最优的生产环节。这种选择有利于各个城市发挥自身的比较优势，从而推动自身的经济发展。由此可见，分工演进总是伴随着城市的经济发展。

为了提高交易效率，具有相似特征的生产环节会集聚在同一城市。此时，那些高度集聚以生产性服务为主的高端生产环节的城市就实现了城市功能的转变，即向服务中心转变，这种转变可以看作一种城市转型。于是可得

命题 3.3：城市发展的本质是分工组织的不断演进，而分工组织的不断演进要求交易效率的不断提高。其中，城市转型需要分工演进推进城市之间的分工。

3.5 本章小结

本章遵循新兴古典城市化模型的建模思路，并参考其基础模型，运用超边际分析方法从分工演进的角度对城市形成与发展的内在机制进行了研究，得出的基本结论如下：

（1）随着工业品（服务）相互之间交易效率的不断提高，均衡的分工结构不断向高水平分工结构演进，最终导致初始城市的形成。在这过程中，当工业品（服务）和农产品之间的交易效率提高到一定程度时，它可以弥补较低的工业品（服务）相互之间的交易效率，从而使初始城市的形成所要求的均衡分工结构在它较低时也能够出现。

（2）城市发展依赖于产品间分工的不断演进，而产品间分工的演进受制

于工业品（服务）相互之间的交易效率以及工业品（服务）和农产品之间的交易效率。

（3）城市发展的本质是分工组织的不断演进，而分工组织的不断演进要求交易效率的不断提高。其中，城市转型需要分工演进推进城市之间的重新分工。

第4章

全球价值链的空间逻辑

4.1 研究背景

第 3 章对城市形成与发展的研究主要基于产品间分工的视角。但是，当产品间分工出现完全分工之后，分工演进仍然会继续，因为人类经济活动具有不断追求分工协作的倾向。随着分工组织的进一步演进，分工形态自然从产品间分工转向产品内分工。在这种情况下，一个产品的各个生产环节之间形成分工，并且各个生产环节在空间上分离开来，从而向全球各地延伸。从人类经济史上看，产品内分工的形成是 20 世纪中叶之后的事。卢锋（2004）[①]指出，20 世纪 60 年代后半期，国际分工与贸易出现了一个新动向，即发展中国家制成品出口大幅度上升。这实际上就是产品内分工的最早表现。这种经济现象出现不久，一些经济学者就对它进行了及时而深入的研究。如 Helleiner（1973）[②] 敏锐地观察到发展中国家制成品出口主要与纵向一体化国际制造业的劳动密集型专门环节相联系。又如，Finger（1975）[③] 对美国 20 世纪 60 年代出现的“海外组装操作（Offshore Assembly Operation）”进行了详细的分析。

由于产品内分工是由产品间分工经分工演进转化而来的，所以本书将在

① 卢锋．产品内分工［J］．经济学（季刊），2004（1）：55—82.

② HELLEINER G K. Manufactured exports from less - developed countries and multinational firms［J］. The Economic Journal, 1973, 83（329）：21 - 47.

③ FINGER J M. Tariff provisions for offshore assembly and the exports of developing countries［J］. The Economic Journal, 1975, 85（338）：365 - 371.

第 3 章的基础上来研究产品内分工对城市发展的影响。在第 3 章中，本书已经厘清了城市形成的内在机理，因此，在接下来的研究中，本章外生假定经济系统中已经出现了城市。根据已有研究①，同时考虑到学界在经济全球化过程中普遍提到研发全球化、生产全球化和营销全球化，本书把产品内分工所形成的各环节主要划分为研发环节、制造环节和营销环节。这三大环节各具有不同的增值能力，分别对应着不同的价值链，它们共同构成了统一的全球价值链。需要指出的是，各个不同的生产环节能够组合成统一的全球价值链必须以城市作为自身的空间载体。由于产品内分工的顺利进行需要依托于全球价值链的这种统一性，所以，要研究产品内分工对城市发展的影响，必先查清各个不同的生产环节如何借助城市来组合成统一的全球价值链。这实际上就是全球价值链的空间逻辑。要厘清这一空间逻辑，必须要回答两个问题：①一个产品每个生产环节之间的分工是如何实现的？②每个生产环节分离后又是如何进行区位选择的？

学界对这些问题已进行了比较详细的研究。曾铮（2009）② 把相关文献归为以下三类：

第一类文献是以传统贸易理论框架为基准的研究。例如，Jones 和 Kierzkowiski（2001）③ 的研究表明，比较优势和规模报酬递增是推进生产环节“零散化”的主要动力，但是“零散化”生产得以实现的一个重要原因是技术进步，具体表现为通信和运输等成本的大幅下降。Swenson（2005）④ 研究了一国及其竞争者的成本变化对美国海外装配活动外包决定的影响，发现当一国成本增加时，美国海外装配活动外包给该国的份额将下降；相反，美国海外装配活动在一国的外包份额随着竞争国家的成本增加而上升。Baldone、Sdogati 和 Tajoli（2007）⑤ 的研究得出，当解释商品组合和贸易方向时，国际生产的零散化减弱了比较优势的解释力，而绝对优势却变得日益重要。

---

① 金芳把产品内国际分工中的各个环节主要划分为技术环节、生产环节和市场环节。金芳．世界生产体系变革的当代特征及其效应［J］. 世界经济研究，2007（7）：3—8.

② 曾铮．全球工序分工与贸易研究：基于新兴市场国家视角的理论和中国经验［D］. 北京：中国社会科学院，2009：6—9.

③ JONES R, KIERZKOWISKI H. A framework for fragmentation［M］//ARNDT S, KIERZKOWSKI H. Fragmentation: New Production Patterns in The World Economy. Oxford: Oxford University Press, 2001: 17－34.

④ SWENSON D L. Overseas assembly and country sourcing choices［J］. Journal of International Economics, 2005, 66（1）: 107－130.

⑤ BALDONE S, SDOGATI F, TAJOLI L. On some effects of international fragmentation of production on comparative advantages, trade flows and the income of countries［J］. The World Economy, 2007, 30（11）: 1726－1769.

第二类文献是以交易费用和制度成本为基准的研究。例如，Arndt (1997)① 通过建立一个 2×2 模型发现，技术进步与通信的便利化可以降低离岸外包的成本，从而使生产环节的跨国分工更易于实现。Yi (2003)② 建立了一个基于垂直专门化（Vertical Specialization）的两国动态李嘉图贸易模型（Two - country Dynamic Ricardian Trade Model），通过该模型生成了贸易对关税减小的非线性响应（Response），并利用这一模型解释了超过 50% 的世界贸易的增长。Hanson、Mataloni Jr. 和 Slaughter (2005)③ 利用美国跨国公司的有关数据，对美国跨国公司的母公司和子公司之间开展中间品贸易的具体情况进行了实证分析，结果表明：贸易成本和要素价格对中间品贸易的规模有着较大影响。

第三类文献是以微观企业生产组织选择和外包决策为基准的研究。例如，Antràs (2003)④ 把不完全竞争和产品差异性融入标准的贸易模型，对美国与其他国家之间的贸易模式进行研究，发现贸易模式与一国的资本量存在以下关系：美国与资本稀缺国家的贸易倾向于离岸外包贸易，而与资本富裕国家之间的贸易倾向于企业内贸易。Antràs 和 Helpman (2004)⑤ 构建了一个基于国际贸易的北—南模型（North - South Model），对企业的一体化生产和外包进行研究，发现企业生产力水平（Productivity Levels）影响着企业对所有权结构（Ownership Structures）和供应者区位（Supplier Locations）的选择。Grossman 和 Helpman (2005)⑥ 在一个基于外包和贸易的一般均衡模型中研究了企业转包活动的选择行为，得出国际外包的程度主要受到以下三个因素的影响：一是国内外供应物市场的“厚度（Thickness）”；二是各个市场的搜寻成本；三是各国的供应物定制（Customizing）成本和签约环境的性质。

上述文献的研究成果显然是极其重要的，而且一部分研究具有坚实的微观基础。但是，这些研究基本都遵循新古典框架，把生产者与消费者进行分

---

① ARNDT S W. Globalization and the open economy [J]. The North American Journal of Economics and Finance, 1997, 8 (1): 71 - 79.

② YI KEI - MU. Can vertical specialization explain the growth of world trade? [J]. Journal of Political Economy, 2003, 111 (1): 52 - 102.

③ HANSON G, MATALONI Jr. R, Slaughter M. Vertical production networks in multinational firms [J]. Review of Economics and Statistics, 2005, 87 (4): 664 - 678.

④ ANTRÀS P. Firms, contracts, and trade structure [J]. Quarterly Journal of Economics, 2003, 118 (4): 1375 - 1418.

⑤ ANTRÀS P. HELPMAN E. Global sourcing [J]. Journal of Political Economy, 2004, 112 (3): 552 - 580.

⑥ GROSSMAN G M, HELPMAN E. Outsourcing in a global economy [J]. Review of Economic Studies, 2005, 72 (1): 135 - 159.

开处理，没有从内生分工演进的角度考虑经济主体的自给自足和专业化水平。庞春（2010）[①] 认为，这种处理不能把劳动力的专业化水平作为内生决策变量融入统一的模型框架中。产品内分工实质是分工组织在内生演进的过程中形成的，这说明产品内分工的形成机制只有在内生专业化水平的基础上才能得到更为信服的阐释。基于此，我们认为新兴古典经济学由于以生产者—消费者的内生专业化水平的变化来揭示经济组织的变迁，所以能更充分揭示伴随分工演进而出现的产品内分工。[②]

实际上，庞春（2010）[③] 已经基于超边际—新兴古典一般均衡分析，对生产环节之间的分工进行了详细的研究。然而，他并没有研究生产环节的区位问题。Cheng 和 Zhang（2006）[④] 虽然在一个统一的新兴古典模型中分析了前文两个问题，对全球价值链的空间逻辑进行了细致的阐述，但是却没有把营销环节纳入其分析框架。而事实上，营销环节是产品内分工中的一个主要环节，在全球范围内形成产品内分工的过程中起着不可估量的作用。其原因在于随着产品内分工的出现，各个生产环节的分工以及在空间上的分离必然导致高额交易成本，而营销环节的主要作用就是显著降低交易成本的出现。实际上，在中国改革开放以后，珠三角地区的许多加工产品都是依靠国外知名品牌销售到全球各地的（如中国企业普遍存在的贴牌）。因此，本章将重点把研发环节、生产环节和营销环节统一到新兴古典模型的框架中，从而厘清全球价值链的空间逻辑。根据现实情况[⑤]，同时考虑到模型的简便，本章在构建模型时把研发商（供应研发技术的经济主体）和品牌商（供应品牌的经济主体）进行了分离处理，即不考虑他们之间的交易行为。

---

① 庞春．一体化、外包与经济演进：超边际：新兴古典一般均衡分析［J］．经济研究，2010，(3)：114—128.

② 庞春也有类似观点。庞春．一体化、外包与经济演进：超边际：新兴古典一般均衡分析［J］．经济研究，2010（3）：114—128.

③ 庞春．一体化、外包与经济演进：超边际：新兴古典一般均衡分析［J］．经济研究，2010（3）：114—128.

④ CHENG W，ZHANG D. Domestic and global sourcing［J］. Division of Labor & Transaction Costs，2006，2（1）：37－53.

⑤ 提供研发技术的供应商基本不依靠外部的品牌商，品牌商主要为生产商（生产制造产品的经济主体）服务。

4.2 制造商与研发商空间分离的实现机制

4.2.1 模型

本节模型主要参考 Cheng 和 Zhang（2006）[①] 的研究。根据本节的研究目的，我们对他们的模型进行了些许修正。考虑一个拥有两个城市的经济体，其中，城市 1 为发展中国家的代表城市，城市 2 为发达国家的代表城市。假定城市 i 的劳动人口总量为 M_i（$i=1, 2$），且这些劳动人口不能在两个城市之间迁移。设有一种最终消费产品，其包含两个生产环节：研发环节和制造环节。为了更好说明，把研发环节看作一种中间产品，把制造环节看作最终产品。令两个城市都可以生产这两种产品。中间产品 x 在生产过程中只用到劳动，而最终产品 y 需要同时用到中间产品和劳动。假定发展中国家的代表城市在最终产品 y 的生产上具有外生比较优势，而发达国家的代表城市在中间产品 x 的生产上具有外生比较优势。

4.2.1.1 消费者决策

两个城市的消费者有着相同的偏好。每个消费者只有一个单位的劳动。他们接受雇佣而获得工资，从而利用工资购买最终消费产品 y。对于消费者来说，他们可以在两个城市任意购买产品 y，但是，如果在自己不居住的城市购买需要支付交易成本，而在自己居住的城市购买则不需要。一个代表消费者的决策问题为：

$$\max\ U_i = y_i + k_i y_{ji}$$
$$\text{s. t.}\quad p_{iy}y_i + p_{jy}y_{ji} = w_i \tag{4.1}$$

（4.1）式中，y_i 表示消费者从自己居住的城市购买的产品 y；y_{ji}表示消费者对 y 的进口量（居住在城市 i 的消费者从城市 j 中进口）；k_i 表示居住在城市 i 的消费者从城市 j 中进口 y 的交易效率系数（$k_i \in [0, 1]$）；p_{iy}表示消费者从自己居住的城市购买产品 y 所支付的价格；p_{jy}表示产品 y 的进口价格；w_i 表示城市 i 的工资水平。假定城市 1 的工资水平被标准化为 1，则可得：$w_1 =$

① CHENG W, ZHANG D. Domestic and global sourcing [J]. Division of Labor & Transaction Costs, 2006, 2 (1): 37-53.

1 和 $w_2 = w$。

假定交易成本（效率）满足“冰山交易成本（Iceberg Transaction Cost）”的相关条件，即对于城市 i 每进口一单位的产品 y，都有 $1-k_i$ 的部分在交易过程中被“融化（Melted）”，仅仅 k_i 被消费者收到。对于消费者来说，如果产品 y 在考虑了交易成本之后的进口价格比自己城市的价格还低，他们将选择进口，否则将在本市购买。不同的价格关系所导致的消费者决策如表 4.1 所示。

表 4.1　　消费者决策

决策临界值	满足决策临界值的条件	最终品的贸易结构
$p_{2y}/p_{1y} > k_1$，$p_{1y}/p_{2y} < k_2$	$p_{1y}/p_{2y} < k_2$	$y_1 > 0$，$y_{21} = 0$，$y_2 = 0$，$y_{12} > 0$
$p_{2y}/p_{1y} > k_1$，$p_{1y}/p_{2y} > k_2$	$k_2 < p_{1y}/p_{2y} < 1/k_1$	$y_1 > 0$，$y_{21} = 0$，$y_2 > 0$，$y_{12} = 0$
$p_{2y}/p_{1y} < k_1$，$p_{1y}/p_{2y} > k_2$	$p_{1y}/p_{2y} > 1/k_1$	$y_1 = 0$，$y_{21} > 0$，$y_2 > 0$，$y_{12} = 0$

资料来源：CHENG W, ZHANG D. Domestic and global sourcing [J]. Division of Labor & Transaction Costs, 2006, 2 (1): 37-53.

其中，第二行意味着城市 1 包含交易成本的进口产品 y 的价格比本市的要高（即 $p_{2y}/p_{1y} > k_1$），而城市 2 包含交易成本的进口产品 y 的价格比本市的要低（即 $p_{1y}/p_{2y} < k_2$）。此时，相关价格满足条件：$p_{1y}/p_{2y} < k_2$，在该条件下，城市 1 中的消费者将购买本市生产的消费品（即 $y_1 > 0$，$y_{21} = 0$），而城市 2 中的消费者将选择进口（即 $y_2 = 0$，$y_{12} > 0$）。同理，第三行表示两个城市的消费者都将购买本市生产的消费品，第四行表示城市 1 的消费者将选择进口，而城市 2 的消费者将购买本市生产的消费品。

4.2.1.2　企业决策

首先，考虑最终产品的生产。在企业选择一体化生产（即同时生产 x 和 y）的情况下，它可以任意在两个城市布局产品 x 和 y 的生产基地。如果产品 x 和 y 在两个城市之间进行分割生产，那么内部城市间交易成本将产生（在企业内部形成）。城市 i 的一体化生产企业 y 产品的生产函数为：

$$y_i = a_{iy}(x_{iv} + t_{iv}x_{jiv})^{\beta}L_{iy}^{1-\beta} \tag{4.2}$$

（4.2）式中，a_{iy} 表示城市 i 一体化生产企业 y 产品的生产率；x_{iv} 表示城市 i 自己所生产的中间产品的数量；x_{jiv} 表示城市 i 一体化企业在另一城市所生产的中间产品的数量；$t_{iv}(t_{iv} \in [0, 1])$ 表示一体化企业内部城市间交易效率系数（两种产品的内部城市间交易效率系数相等）；L_{iy} 表示城市 i 一体化企业用在 y 产品上的劳动量。

在企业不选择一体化生产的条件下，它可以任意在两个城市购买中间产品 x。如果它选择进口，那么外部城市间交易成本将产生（在企业外部形成）。城市 i 的专业化生产企业 y 产品的生产函数为：

$$y_i = a_{iy}(x_i + t_i x_{ji})^{\beta} L_{iy}^{\ 1-\beta} \tag{4.3}$$

（4.3）式中，x_i 表示企业在城市 i 购买的中间产品的数量；x_{ji} 表示城市 i 中的企业在另一城市所购买的中间产品的数量；$t_i(t_i \in [0, 1])$ 表示专业化企业进口中间产品时所形成的外部城市间交易效率系数。

接着，考虑中间产品的生产。中间产品既可以在一体化企业中生产，也可以在专门生产中间产品的企业中生产。如果中间产品在城市 i 一体化企业中生产，且生产基地也在城市 i，那么它的生产函数为：

$$x_{iv} = a_{ix} L_{ix} \tag{4.4}$$

（4.4）式中，a_{ix} 表示城市 i 一体化企业生产中间产品时的生产率；L_{ix} 表示用在中间产品上的劳动量。

如果中间产品在城市 i 被一个专门生产中间产品的企业生产，那么它的生产函数为：

$$x_i = b_{ix} L_{ix} \tag{4.5}$$

（4.5）式中，b_{ix} 表示城市 i 专门生产中间产品的企业在生产中间产品时的生产率。

如果中间产品在城市 i 一体化企业中生产，但生产基地在另一城市 j，那么它的生产函数为：

$$x_{jiv} = b_{jx} L_{jx} \tag{4.6}$$

（4.6）式中，b_{jx} 表示城市 j 专门生产中间产品的企业在生产中间产品时的生产率。其中的专业化意味着如果城市 i 一体化企业在城市 j 设立一个中间产品的生产基地，那么这个生产基地的生产率与当地专门生产中间产品的企业相同。

由于专业化经济的存在，所以可得 $a_{ix} < b_{ix}$。为了简便但不失一般性，我们假定 $a_{2x} > b_{1x}$。这说明城市 2 在生产产品 x 时具有显著的外生比较优势，以致其一体化生产的生产率比城市 1 专业化生产的生产率还要高。

对于最终产品的生产企业来说，是否选择一体化生产以及在哪个城市布局生产基地，它需要比较各个生产结构中 y 产品的单位生产成本。哪个最低（即利润最大），它将选择哪个。如果城市 i 的一个一体化企业在本市生产两个产品，那么可以通过解成本最小化问题来获得 y 产品的单位生产成本函数。其成本最小化问题为：

$$\begin{aligned} &\min\ w_i(L_{ix} + L_{iy}) \\ &\text{s. t.}\ \ a_{iy} x_{iv}^{\ \beta} L_{iy}^{\ 1-\beta} = 1,\ x_{iv} = a_{ix} L_{ix} \end{aligned} \tag{4.7}$$

于是，可求得单位生产成本函数为 $c_i(w_i) = w_i a_{iy}^{\ -1} a_{ix}^{\ -\beta} \beta^{-\beta}(1-\beta)^{\beta-1}$。

同样地，可以得到其他生产结构的单位生产成本函数，具体情况如表 4.2

所示。

表 4.2　不同生产结构的单位生产成本函数

生产结构	单位生产成本函数
$(y_ix_i)_v$	$c_i\ (w_i)\ = w_i a_{iy}{}^{-1} a_{ix}{}^{-\beta}\beta^{-\beta}(1-\beta)^{\beta-1}$
$(y_i)_v\ (x_j)_v$	$c_i\ (w_i,\ w_j)\ = w_i{}^{1-\beta} w_j{}^{\beta} a_{iy}{}^{-1} t_{iv}{}^{-\beta}\beta^{-\beta}(1-\beta)^{\beta-1}$
$(y_ix_i)_s$	$c_i\ (p_{ix},\ w_i)\ = w_i{}^{1-\beta} p_{ix}{}^{\beta} a_{iy}{}^{-1}\beta^{-\beta}(1-\beta)^{\beta-1}$
$(y_i)_s\ (x_j)_s$	$c_i\ (p_{jx},\ w_i)\ = w_i{}^{1-\beta} p_{jx}{}^{\beta} a_{iy}{}^{-1} t_i{}^{-\beta}\beta^{-\beta}(1-\beta)^{\beta-1}$

资料来源：CHENG W, ZHANG D. Domestic and global sourcing [J]. Division of Labor & Transaction Costs, 2006, 2 (1): 37 –53.

在表 4.2 中，$(y_ix_i)_v$ 和 $(y_i)_v\ (x_j)_v$ 分别意味着城市 i 中的一个一体化企业在本市和另一城市生产产品 x。$(y_ix_i)_s$ 和 $(y_i)_s\ (x_j)_s$ 分别意味着城市 i 中的一个专门生产最终产品 y 的企业在本市和另一城市购买产品 x。为了简便而不失一般性，这里不再考虑一体化企业同时在两个城市生产中间产品 x，或者专门生产最终产品 y 的企业同时购买两个城市的中间产品 x。这并不影响书中的基本结论。对于一个生产最终产品 y 的企业来说，它必然选择能使它的单位生产成本最低的生产结构，其对生产结构的决策如表 4.3 所示。

表 4.3　企业对生产结构的决策

最优生产结构	决策临界值	满足决策临界值的条件
$(y_ix_i)_v$	$c_i\ (w_i)\ < c_i\ (w_i,\ w_j)$, $c_i\ (w_i)\ < c_i\ (p_{ix},\ w_i)$, $c_i\ (w_i)\ < c_i\ (p_{jx},\ w_i)$	$\frac{w_i}{w_j} < \frac{a_{ix}}{t_{iv} b_{jx}}$, $\frac{p_{jx}}{w_i} > \frac{t_i}{a_{ix}}$, $\frac{p_{ix}}{w_i} > \frac{1}{a_{ix}}$
$(y_i)_v\ (x_j)_v$	$c_i\ (w_i,\ w_j)\ < c_i\ (w_i)$, $c_i\ (w_i,\ w_j)\ < c_i\ (p_{ix},\ w_i)$, $c_i\ (w_i,\ w_j)\ < c_i\ (p_{jx},\ w_i)$	$\frac{w_i}{w_j} > \frac{a_{ix}}{t_{iv} b_{jx}}$, $\frac{p_{jx}}{w_j} > \frac{t_i}{t_{iv} b_{jx}}$, $\frac{p_{ix}}{w_j} > \frac{1}{t_{iv} b_{jx}}$
$(y_ix_i)_s$	$c_i\ (p_{ix},\ w_i)\ < c_i\ (w_i)$, $c_i\ (p_{ix},\ w_i)\ < c_i\ (w_i,\ w_j)$, $c_i\ (p_{ix},\ w_i)\ < c_i\ (p_{jx},\ w_i)$	$\frac{p_{ix}}{p_{jx}} < \frac{1}{t_i}$, $\frac{p_{ix}}{w_j} < \frac{1}{t_{iv} b_{jx}}$, $\frac{p_{ix}}{w_i} < \frac{1}{a_{ix}}$
$(y_i)_s\ (x_j)_s$	$c_i\ (p_{jx},\ w_i)\ < c_i\ (w_i)$, $c_i\ (p_{jx},\ w_i)\ < c_i\ (w_i,\ w_j)$, $c_i\ (p_{jx},\ w_i)\ < c_i\ (p_{ix},\ w_i)$	$\frac{p_{ix}}{w_j} < \frac{t_i}{t_{iv} b_{jx}}$, $\frac{p_{jx}}{w_i} < \frac{t_i}{a_{ix}}$, $\frac{p_{jx}}{p_{ix}} < t_i$

资料来源：CHENG W, ZHANG D. Domestic and global sourcing [J]. Division of Labor & Transaction Costs, 2006, 2 (1): 37 –53.

4.2.1.3　可供选择的贸易结构

综合消费者决策和企业决策（见表 4.1 和表 4.3），可以确定一系列可能出现的均衡贸易结构，具体情况如表 4.4 所示。

表 4.4　　贸易结构及其相应的条件

最优消费模式的条件	最优生产结构的条件	贸易结构
$\frac{p_{1y}}{p_{2y}}<k_2$	$\frac{w_1}{w_2}>\frac{a_{1x}}{t_{1v}b_{2x}}$，$\frac{p_{2x}}{w_2}>\frac{t_1}{t_{1v}b_{2x}}$，$\frac{p_{1x}}{w_2}>\frac{1}{t_{1v}b_{2x}}$	$(y_1)_v\ (x_2)_v$
	$\frac{p_{2x}}{w_2}<\frac{t_1}{t_{1v}b_{2x}}$，$\frac{p_{2x}}{w_1}<\frac{t_1}{a_{1x}}$，$\frac{p_{2x}}{p_{1x}}<t_1$	$(y_1)_s\ (x_2)_s$
$k_2<\frac{p_{1y}}{p_{2y}}<\frac{1}{k_1}$	$\frac{w_2}{w_1}>\frac{a_{2x}}{t_{2v}b_{1x}}$，$\frac{p_{2x}}{w_1}>\frac{1}{t_{2v}b_{1x}}$，$\frac{p_{1x}}{w_1}>\frac{t_2}{t_{2v}b_{1x}}$	$(x_1)_v\ (y_2)_v$
$\frac{p_{1y}}{p_{2y}}>\frac{1}{k_1}$	$\frac{p_{1x}}{w_2}<\frac{t_2}{a_{2x}}$，$\frac{p_{1x}}{w_1}<\frac{t_2}{t_{1v}b_{2x}}$，$\frac{p_{1x}}{p_{2x}}<t_2$	$(x_1)_s\ (y_2)_s$

资料来源：CHENG W, ZHANG D. Domestic and global Sourcing [J]. Division of Labor & Transaction Costs, 2006, 2 (1): 37 - 53.

在表 4.4 中，给出了可能的均衡贸易结构及其出现的相应条件。在这些条件中，工资和价格是内生变量。这就要求解出这些内生变量。首先考虑结构$(y_1)_s\ (x_2)_s$。在这个结构中，城市 1 中专门生产最终产品 y 的企业从城市 2 中专门生产中间产品 x 的企业进口产品 x，并向城市 2 供给产品 y。此时，城市 1 中的消费者购买本市的产品 y，其决策问题为：

$$\max\ u_1=y_1$$
$$\text{s. t.}\ \ p_{1y}y_1=w_1 \tag{4.8}$$

解这个问题可以得到城市 1 中产品 y 的需求函数

$$y_1{}^d=\frac{w_1}{p_{1y}} \tag{4.9}$$

城市 2 中的消费者只能进口产品 y，其决策问题为：

$$\max\ u_2=k_2y_{12}$$
$$\text{s. t.}\ \ p_{1y}y_{12}=w_2 \tag{4.10}$$

解这个问题可以得到城市 2 中产品 y 的需求函数

$$y_{12}{}^d=\frac{w_2}{p_{1y}} \tag{4.11}$$

城市 1 中专门生产最终产品 y 的企业的决策问题为：

$$\max\ \pi_{1y}=p_{1y}a_{1y}(t_1x_{21})^{\beta}L_{1y}{}^{1-\beta}-p_{2x}x_{21}-w_1L_{1y} \tag{4.12}$$

（4.12）式中，x_{21}和 L_{1y}表示决策变量。

城市 2 中专门生产中间产品 x 的企业的决策问题为：

$$\max\ \pi_{2x}=p_{2x}b_{2x}L_{2x}-w_2L_{2x} \tag{4.13}$$

（4.13）式中，L_{2x}表示决策变量。两种产品的市场出清条件为：

$$\frac{M_1w_1}{p_{1y}}+\frac{M_2w_2}{p_{1y}}=a_{1y}(t_1x_{21})^{\beta}L_{1y}{}^{1-\beta}；\ x_{21}=M_2b_{2x} \tag{4.14}$$

利用企业决策的一阶条件和市场出清条件，本书可以解出以下均衡解：

$$w_1=1;\ w_2=\frac{\beta M_1}{(1-\beta)M_2};\ p_{2x}=\frac{w_2}{b_{2x}};$$

$$p_{1y}=a_{1y}{}^{-1}b_{2x}{}^{-\beta}\beta^{-\beta}(1-\beta)^{\beta-1}t_1{}^{-\beta}w_2{}^{\beta} \tag{4.15}$$

利用相同的方法，本书可以求得其他结构的均衡价格和工资，具体情况如表 4.5 所示。

表 4.5　　所有经济结构的均衡价格和工资

结构	均衡价格和工资
$(y_1x_1)_s$，$(y_2x_2)_s$	$w_i=1$，$p_{ix}=b_{ix}{}^{-1}$，$p_{iy}=a_{iy}{}^{-1}b_{ix}{}^{-\beta}\beta^{-\beta}(1-\beta)^{\beta-1}$
$(y_1)_s$，$(x_2)_s$	$w_1=1$，$w_2=\frac{\beta M_1}{(1-\beta)\ M_2}$，$p_{2x}=\frac{w_2}{b_{2x}}$， $p_{1y}=a_{1y}{}^{-1}b_{2x}{}^{-\beta}\beta^{-\beta}(1-\beta)^{\beta-1}t_1{}^{-\beta}w_2{}^{\beta}$， $p_{2y}=a_{2y}{}^{-1}b_{2x}{}^{-\beta}\beta^{-\beta}(1-\beta)^{\beta-1}w_2$（影子价格）
$(y_1)_v$，$(x_2)_v$	$w_1=1$，$w_2=\frac{\beta M_1}{(1-\beta)\ M_2}$， $p_{1y}=a_{1y}{}^{-1}b_{2x}{}^{-\beta}\beta^{-\beta}(1-\beta)^{\beta-1}t_{1v}{}^{-\beta}w_2{}^{\beta}$， $p_{2y}=a_{2y}{}^{-1}b_{2x}{}^{-\beta}\beta^{-\beta}(1-\beta)^{\beta-1}w_2$（影子价格）
$(x_1)_s$，$(y_2)_s$	$w_1=1$，$w_2=\frac{(1-\beta)\ M_1}{\beta M_2}$，$p_{1x}=a_{1x}{}^{-1}$， $p_{1y}=a_{1y}{}^{-1}b_{1x}{}^{-\beta}\beta^{-\beta}(1-\beta)^{\beta-1}$， $p_{2y}=a_{2y}{}^{-1}b_{1x}{}^{-\beta}\beta^{-\beta}(1-\beta)^{\beta-1}t_2{}^{-\beta}w_2{}^{1-\beta}$（影子价格）
$(x_1)_v$，$(y_2)_v$	$w_1=1$，$w_2=\frac{(1-\beta)\ M_1}{\beta M_2}$，$p_{1y}=a_{1y}{}^{-1}b_{1x}{}^{-\beta}\beta^{-\beta}(1-\beta)^{\beta-1}$， $p_{2y}=a_{2y}{}^{-1}b_{1x}{}^{-\beta}\beta^{-\beta}(1-\beta)^{\beta-1}t_{2v}{}^{-\beta}w_2{}^{1-\beta}$（影子价格）

资料来源：笔者根据 Cheng 和 Zhang 的研究整理而得。CHENG W, ZHANG D. Domestic and Global Sourcing [J]. Division of Labor & Transaction Costs, 2006, 2 (1): 37 –53.

在表 4.5 中的一些结构中，由于某些城市不生产 y 产品，所以这些城市不存在 y 产品的真实价格。为此，本书计算了这些城市 y 产品的影子价格。这种计算建立在假定这些城市也生产 y 产品的基础上。影子价格表达以下信息：消费者是购买本市产品，还是选择进口。

4.2.1.4　超边际分析与一般均衡结构

由于发展中国家的代表城市在最终产品 y 的生产上具有外生比较优势，而发达国家的代表城市在中间产品 x 的生产上具有外生比较优势，所以可得：

$$\frac{a_{1y}}{a_{2y}} \cdot \frac{a_{2x}}{a_{1x}} > 1, \quad \frac{a_{1y}}{a_{2y}} \cdot \frac{b_{2x}}{b_{1x}} > 1, \quad \frac{a_{2x}}{a_{1x}} \cdot \frac{b_{2x}}{b_{1x}} > 1 \tag{4.16}$$

基于以上条件，以及考虑 $a_{ix} < b_{ix}$，$a_{2x} > b_{1x}$，我们把表 4.5 中的均衡价格和工资代入表 4.4 中的最优化问题，就可以得到每种结构成为一般均衡的条件，具体情况见表 4.6。由表 4.6 可知，只有三种结构才可能成为一般均衡结构，其分别为：

（1）自给自足结构 $(y_1x_1)_s(y_2x_2)_s$。在这种结构中，两个城市同时专业化生产产品 x 和 y。此时，不存在国际贸易。这里自给自足的一体化结构不能成为一般均衡结构是由于我们假定专业生产产品 x 的生产率高于一体化企业，以及城市内部不存在任何交易成本。

（2）外商直接投资（FDI）结构 $(y_1)_v(x_2)_v$。在这种结构中，一体化企业在城市 1 生产产品 y，而在城市 2 中建立生产产品 x 的海外企业。

（3）城市间外包结构 $(y_1)_s(x_2)_s$。在这种结构中，企业在城市 1 中专门生产产品 y，而把产品 x 外包给城市 2 中的专业化企业生产。

表 4.6　　一般均衡的超边际比较静态

一般均衡条件		一般均衡结构
$t_1 > t_{1v}$，$t_2 > t_{2v}$	$\frac{a_{2y}}{a_{1y}}\left(\frac{b_{1x}}{b_{2x}}\right)^{1-\beta} < k_2 t_1$，$\frac{\beta}{1-\beta} \cdot \frac{M_1}{M_2} < \frac{t_1 b_{2x}}{b_{1x}}$	$(y_1)_s(x_2)_s$
	$k_2 t_1 < \frac{a_{2y}}{a_{1y}}\left(\frac{b_{1x}}{b_{2x}}\right)^{1-\beta} < k_1^{-1} t_2^{-1}$	$(y_1x_1)_s(y_2x_2)_s$
$t_1 < t_{1v}$，$t_2 < t_{2v}$	$\frac{a_{2y}}{a_{1y}}\left(\frac{a_{1x}}{b_{2x}}\right)^{1-\beta} < k_2 t_{1v}$，$\frac{\beta}{1-\beta} \cdot \frac{M_1}{M_2} < \frac{t_{1v} b_{2x}}{a_{1x}}$	$(y_1)_v(x_2)_v$
	$k_2 t_{1v} < \frac{a_{2y}}{a_{1y}}\left(\frac{a_{1x}}{b_{2x}}\right)^{1-\beta} < k_1^{-1} t_{2v}^{-1}$	$(y_1x_1)_s(y_2x_2)_s$
$t_1 > t_{1v}$，$t_2 < t_{2v}$	$\frac{a_{2y}}{a_{1y}}\left(\frac{b_{1x}}{a_{2x}}\right)^{1-\beta} < k_2 t_1$，$\frac{\beta}{1-\beta} \cdot \frac{M_1}{M_2} < \frac{t_{21} b_{2x}}{t_1 b_{1x}}$	$(y_1)_s(x_2)_s$
	$k_2 t_1 < \frac{a_{2y}}{a_{1y}}\left(\frac{b_{1x}}{a_{2x}}\right)^{1-\beta} < k_1^{-1} t_{2v}^{-1}$	$(y_1x_1)_s(y_2x_2)_s$
$t_1 < t_{1v}$，$t_2 > t_{2v}$	$\frac{a_{2y}}{a_{1y}}\left(\frac{a_{1x}}{b_{2x}}\right)^{1-\beta} < k_2 t_{1v}$，$\frac{\beta}{1-\beta} \cdot \frac{M_1}{M_2} < \frac{t_{1v} b_{2x}}{a_{1x}}$	$(y_1)_s(x_2)_s$
	$k_2 t_{1v} < \frac{a_{2y}}{a_{1y}}\left(\frac{a_{1x}}{b_{2x}}\right)^{1-\beta} < k_1^{-1} t_2^{-1}$	$(y_1x_1)_s(y_2x_2)_s$

资料来源：CHENG W, ZHANG D. Domestic and global sourcing [J]. Division of Labor & Transaction Costs, 2006, 2 (1): 37 - 53.

4.2.2　制造商与研发商空间分离的机理分析

首先，来分析两个城市进行分工时的特点。从表 4.6 可以看出，可能成为一般均衡结构的城市分工结构只有两种：$(y_1)_v(x_2)_v$（企业内城市分工）和$(y_1)_s(x_2)_s$（企业间城市分工）。不管是哪种城市分工结构，城市 1 生产产品 y，城市 2 生产产品 x。而城市 1 在生产产品 y 上具有外生比较优势，城市 2 在生产产品 x 上具有外生比较优势。这说明在两个城市之间形成分工（不管企业内城市分工还是企业间城市分工）的情况下，两个城市都按照外生比较优势的原则进行分工。由此可得

命题 4.1：制造商与研发商空间分离的一个重要动力是根据自身生产环节所要求的比较优势寻找满足条件的城市。

接着，来看自给自足结构$(y_1x_1)_s(y_2x_2)_s$。在这种结构中，两个城市之间无法进行分工，这说明此时不可能形成制造商与研发商的空间分离。由表 4.6 的第二列可知，这种结构的出现源于城市间正的交易成本（包含企业内与企业间交易）。当企业利用两个城市比较优势所获得的收益足够弥补城市间交易成本时，城市之间的分工就会出现，即出现生产环节的空间分离。而单位城市间交易成本越大，就意味着城市间交易效率越高。于是可得

命题 4.2：只有城市间交易效率足够高，使经济主体利用各个城市比较优势所获得的收益足够弥补城市间交易成本时，制造商与研发商的空间分离才会形成。

最后，来分析制造商与研发商空间分离的运作形式。从表 4.6 可以看出，制造商与研发商空间分离的结构只有两种：$(y_1)_v(x_2)_v$（企业内城市分工）和$(y_1)_s(x_2)_s$（企业间城市分工）。这说明制造商与研发商的空间分离既可以在企业内部完成也可以通过市场来实现。具体采用哪种运作形式需要比较企业内、外部城市间交易成本的大小（企业内、外部城市间交易效率的高低）。从表 4.6 的第一列可以看出，当一国的企业内部城市间交易成本小于企业外部城市间交易成本时（即企业内部城市间交易效率高于企业外部城市间交易效率：$t_i<t_{iv}$），则该国城市的企业就会选择一体化生产。所以可得

命题 4.3：制造商与研发商的空间分离既可以在企业内部完成也可以通过市场来实现。两者的选择依赖于企业内、外部城市间交易效率的高低。企业内部城市间交易效率越高，一体化企业的空间分离则越可能出现，反之亦是。

4.3 制造商与品牌商空间分离的实现机制[①]

4.3.1 模型

4.3.1.1 模型设定[②]

考虑一个拥有两个城市的经济体，其中，一个为发展中国家的代表城市，用 o 表示，另一个为发达国家的代表城市，用 c 表示。所有的经济主体既是生产者（包括品牌商），又是消费者，可以表述为生产者—消费者（或品牌商—消费者）。假定经济主体的集合为一连续统，总量为 M，其中，城市 o 和城市 c 的经济主体个数分别为 M_o 和 M_c，且 $M_o=M_c$。在这个经济系统中有两种最终产品 x 和 y 可供生产和消费，所有的经济主体对这两种产品都有消费偏好。为了满足消费，他们可以自己生产或者从市场中购买。结合本书的研究目的，进一步假定：产品 x 和 y 存在两个生产环节，一是制造环节，另一个是营销环节。其中，制造环节的目的是把产品生产出来，而营销环节的目的是把产品销售出去。这里假定营销环节所起到的作用是降低产品买卖双方在交易过程中所形成的交易成本。需要指出的是，当经济主体仅仅自给自足 x 和 y 时，营销环节就没有存在的必要。相反，如果生产者—消费者自己不从事营销环节而是由专业品牌商提供，那么此种情况可被认为生产者—消费者向专业品牌商购买品牌服务，这时，就有品牌服务的交易发生，该过程显然会产生交易成本。庞春（2009）[③] 把营销活动看作一种交易服务，并建立了一个内生

① 以本章节为主要内容的论文参见张松林和武鹏的《全球价值链的“空间逻辑”及其区域政策含义》。张松林，武鹏．全球价值链的“空间逻辑”及其区域政策含义［J］．中国工业经济，2012（7）：109—121.

② 本部分模型设定主要参考新兴古典经济学的相关基础模型（主要包括关于中间商的基础模型），这里根据需要做了一定的修正。这些模型的具体建模技术可参见杨小凯的《经济学原理》和《发展经济学》等。（杨小凯．经济学原理［M］．北京：中国社会科学出版社，1998；杨小凯．发展经济学［M］．北京：社会科学文献出版社，2003.）另外，庞春建立了一个专门的模型对交易服务中间商的存在性进行了解释，本节也参考了他的建模技术，如关于营销环节的模型处理等。庞春．为什么交易服务中间商存在？内生分工的一般均衡分析［J］．经济学（季刊），2009（2）：583—610.

③ 庞春．为什么交易服务中间商存在？内生分工的一般均衡分析［J］．经济学（季刊），2009（2）：583—610.

分工的一般均衡模型对交易服务的存在进行了解释。按照他的建模思路，本书把营销环节（对应的经济主体为品牌商）纳入基本的新兴古典模型。

用 x 和 y（x，$y\geqslant 0$）分别表示生产者—消费者对两种消费品的自给量，用 x^s 和 y^s（x^s，$y^s\geqslant 0$）分别表示生产者—消费者对两种制造产品的供给量，用 x^d 和 y^d（x^d，$y^d\geqslant 0$）分别表示生产者—消费者对两种制造产品的需求量。同理，用 r、r^s 和 r^d（r，r^s，$r^d\geqslant 0$）分别表示品牌服务的自给量、供给量和需求量。制造产品 x 和 y（对应制造环节）以及品牌服务（对应营销环节，这里假定 x 和 y 两种制造产品对品牌服务的要求是同质的）的生产函数分别为：

$$\begin{aligned} x + x^s &= \max\{0,\ \varphi_i(L_x - a)\} \\ y + y^s &= \max\{0,\ \varphi_i(L_y - a)\} \\ r + r^s &= \max\{0,\ \eta_i(L_r - b)\} \end{aligned} \tag{4.17}$$

（4.17）式中，$i=c$，o；$x+x^s$，$y+y^s$ 和 $r+r^s$ 分别表示制造产品 x 和 y 以及品牌服务的产量。这里假定制造环节的生产效率系数相同，且固定学习成本也相同，即都分别为 φ_i 和 a（φ_i，$a>0$）；营销环节的生产效率系数和固定学习成本分别为 η_i 和 B（η_i，$B>0$）。同时假定：在不同的城市，这些生产环节的生产效率系数不同，表现为城市 c 在制造环节上具有较低的生产效率，而在营销环节上具有较高的生产效率，即 $\eta_o<\eta_c$，$\phi_c<\phi_o$。据此，可求得

$$\frac{\eta_c}{\varphi_c} > \frac{\eta_o}{\varphi_o} \tag{4.18}$$

由（4.18）式可知，城市 o 在制造环节上具有外生比较优势，城市 c 在营销环节上具有外生比较优势。由于制造环节属于低端生产环节，而营销环节属于高端生产环节，所以假定制造环节的固定学习成本低于营销环节，即 $b>a$。变量 L_x、L_y 和 L_r 分别代表经济主体用在 x 制造环节、y 制造环节和营销环节上的劳动份额，即专业化水平。假定经济主体的禀赋约束为：

$$L_x + L_y + L_r = 1,\qquad L_x,\ L_y,\ L_r \in [0,\ 1] \tag{4.19}$$

经济主体的预算约束为：

$$p_x(x^s - x^d) + p_y(y^s - y^d) + p_r(r^s - r^d) = 0 \tag{4.20}$$

（4.20）式中，p_x、p_y 和 p_r 分别表示制造产品 x、制造产品 y 和品牌服务 r 的价格。用柯布—道格拉斯型效用函数来刻画经济主体的效用

$$U = [x + k^*(r + \lambda r^d)x^d]^{\alpha}\,[y + k^*(r + \lambda r^d)y^d]^{1-\alpha} \tag{4.21}$$

（4.21）式确保了经济主体的多样化消费偏好。为了简便又不失一般性，假定经济主体对 x 和 y 消费品具有相同的偏好，即 $\alpha=0.5$。如果非自给自足的生产者—消费者不是自己提供品牌服务，就需要从市场购买品牌服务，那么这种市场交易过程必然形成交易成本。用 $1-\lambda$（$\lambda\in(0,1)$）表示品牌商—消费者向其他城市的生产者—消费者（包括制造产品 x 或制造产品 y 的生

产者）出售品牌服务时所产生的单位交易成本，则 λ 为这一交易过程的交易效率。因此，品牌服务的买方实际所得到的品牌服务为 λr^d。同理，用 $1-k^*$（$k^* \in (0, 1)$）表示生产者—消费者（包括制造产品 x 或制造产品 y 的生产者）向其他生产者—消费者出售制造产品 x 或制造产品 y 所产生的单位交易成本，则 k^* 为这一交易过程的交易效率。因此，制造产品 x 或制造产品 y 的买方实际所得到的交易量为 $k^* x^d$ 或 $k^* y^d$。显然，同种交易在城市内和城市间的交易效率不同。假定城市内交易的交易效率高于城市间的同种交易，令同种交易在城市内和城市间的交易效率 k^* 分别为 k 和 k_1，则有 $0<k<k_1<1$。

4.3.1.2　个人决策与分工结构均衡

对于每个经济主体来说，为了满足自己的消费，他们既可以自我供给制造产品 x 和 y 以及品牌服务，也可以从市场上购买，即制造环节和营销环节的分离生产和供给。据此，可以通过计算得到有 6 种决策可供经济主体选择，以满足对制造产品 x 和 y 的消费需求。

第 1 种决策为自给自足决策（表达为 xy）：经济主体既生产 x 产品，也生产 y 产品，且生产仅为自己消费。

第 2 种决策（表达为 xr/y）：经济主体生产 x 产品，一部分自己消费，其他用于出售。为了消费 y 产品，买入 y，并自己提供品牌服务 r。

第 3 种决策（表达为 yr/x）：经济主体生产 y 产品，一部分自己消费，其他用于出售。为了消费 x 产品，买入 x，并自己提供品牌服务 r。

第 4 种决策（表达为 x/yr）：经济主体专业化生产 x 产品，除自己消费外，其他用于出售。为了消费 y 产品，买入 y，同时也购买品牌服务 r。

第 5 种决策（表达为 y/xr）：经济主体专业化生产 y 产品，除自己消费外，其他用于出售。为了消费产品 x，买入 x，同时也购买品牌服务 r。

第 6 种决策（表达为 r/xy）：经济主体专业化提供品牌服务 r。为了消费产品 x 和 y，买入 x 和 y。

如果经济主体不按照外生比较优势原则进行分工，那么他们进行分工所形成的分工结构不是一般均衡结构（杨小凯，2003）[①]。因此，在经济主体按照外生比较优势原则进行分工的前提下，基于上面的 6 种决策，本书根据文定理选择以下几种分工结构进行讨论。

（1）结构 A：自给自足。结构 A 代表自给自足的分工结构，即每个经济主体都自给最终产品 x、y。由于品牌服务的作用在于降低产品 x、y 在市场交易中所形成的交易成本，所以在不存在市场的自给自足经济中，品牌服务也

① 杨小凯．发展经济学［M］．北京：社会科学文献出版社，2003.

就没有存在的必要。由此，可得两个城市中每个经济主体的决策问题为：

$$\max\ U_i^A = (xy)^{\frac{1}{2}}$$
$$\text{s.t.}\quad x = \varphi_i(L_x - a)$$
$$y = \varphi_i(L_y - a)$$
$$L_x + L_y = 1 \tag{4.22}$$

解这个最优化问题，可得：①x 产品的自给量；②y 产品的自给量；③在生产 x 和 y 产品时所达到的专业化水平；④经济主体的效用水平：

$$x = \frac{\varphi_i(1-2a)}{2};\ y = \frac{\varphi_i(1-2a)}{2};\ L_x = L_y = \frac{1}{2};\ U_i^A = \frac{(1-2a)\varphi_i}{2} \tag{4.23}$$

（2）结构 B：城市内部分分工结构。在结构 B 中，两个城市内部都出现了部分分工，都存在两类经济主体：一类为选择模式 xr/y 的经济主体，另一类为选择模式 yr/x 的经济主体。首先考虑城市 c 的情况。对于模式 xr/y 而言，经济主体的决策为：

$$\max\ U_{cx}^B = (xk_1ry^d)^{\frac{1}{2}}$$
$$\text{s.t.}\quad x + x^s = \varphi_c(L_x - a)$$
$$r = \eta_c(L_r - b)$$
$$L_x + L_r = 1$$
$$p_x x^s = p_y y^d \tag{4.24}$$

解这个最优化问题，可得：①y 产品的需求量；②x 产品的供给量和自给量；③品牌服务的自给量；④在生产 x 和 r 时所达到的专业化水平；⑤经济主体的间接效用函数：

$$y^d = \frac{\varphi_c(1-a-b)p_x}{3p_y},\ x^s = x = \frac{\varphi_c(1-a-b)}{3},\ r = \frac{\eta_c(1-a-b)}{3};$$

$$L_x = \frac{a+2(1-b)}{3},\ L_r = \frac{1-a+2b}{3};\ U_{cx}^B = \left[\left(\frac{1-a-b}{3}\right)^3 \frac{\varphi_c^2\eta_c k_1 p_x}{p_y}\right]^{\frac{1}{2}} \tag{4.25}$$

对于模式 yr/x 而言，经济主体的决策为：

$$\max\ U_{cy}^B = (k_1rx^dy)^{\frac{1}{2}}$$
$$\text{s.t.}\quad y + y^s = \varphi_c(L_y - a)$$
$$r = \eta_c(L_r - b)$$
$$L_y + L_r = 1$$
$$p_y y^s = p_x x^d \tag{4.26}$$

解这个最优化问题，可得：①x 产品的需求量；②y 产品的供给量和自给量；③品牌服务的自给量；④在生产 y 和 r 时所达到的专业化水平；⑤经济主体的间接效用函数：

$$x^d=\frac{\varphi_c(1-a-b)p_y}{3p_x};\quad y^s=y=\frac{\varphi_c(1-a-b)}{3};\quad r=\frac{\eta_c(1-a-b)}{3};$$

$$L_y=\frac{a+2(1-b)}{3},L_r=\frac{1-a+2b}{3};\quad U_{cy}{}^B=\left[\left(\frac{1-a-b}{3}\right)^3\frac{\varphi_c{}^2\eta_c k_1 p_y}{p_x}\right]^{\frac{1}{2}} \tag{4.27}$$

根据效用均等条件 $U_{cx}{}^B=U_{cy}{}^B$ 可求得：①制造产品 x 与 y 的均衡相对价格；②均衡效用水平：

$$\frac{p_x}{p_y}=1;\quad U_c{}^B=\left[\left(\frac{1-a-b}{3}\right)^3\varphi_c{}^2\eta_c k_1\right]^{\frac{1}{2}} \tag{4.28}$$

再来考虑城市 o 的情况。对于模式 xr/y 而言，经济主体的决策为：

$$\begin{aligned}\max\ & U_{ox}{}^B=(xk_1ry^d)^{\frac{1}{2}}\\ \text{s. t.}\ & x+x^s=\varphi_o(L_x-a)\\ & r=\eta_o(L_r-b)\\ & L_x+L_r=1\\ & p_x x^s=p_y y^d\end{aligned} \tag{4.29}$$

解这个最优化问题，可得：①y 产品的需求量；②x 产品的供给量和自给量；③品牌服务的自给量；④在生产 x 和 r 时所达到的专业化水平；⑤经济主体的间接效用函数：

$$y^d=\frac{\varphi_o(1-a-b)p_x}{3p_y};\quad x^s=x=\frac{\varphi_o(1-a-b)}{3};\quad r=\frac{\eta_o(1-a-b)}{3};$$

$$L_x=\frac{a+2(1-b)}{3},L_r=\frac{1-a+2b}{3};\quad U_{ox}{}^B=\left[\left(\frac{1-a-b}{3}\right)^3\frac{\varphi_o{}^2\eta_o k_1 p_x}{p_y}\right]^{\frac{1}{2}} \tag{4.30}$$

对于模式 yr/x 而言，经济主体的决策为：

$$\begin{aligned}\max\ & U_{oy}{}^B=(k_1rx^dy)^{\frac{1}{2}}\\ \text{s. t.}\ & y+y^s=\varphi_o(L_y-a)\\ & r=\eta_o(L_r-b)\\ & L_y+L_r=1\\ & p_y y^s=p_x x^d\end{aligned} \tag{4.31}$$

解这个最优化问题，可得：①x 产品的需求量；②y 产品的供给量和自给量；③品牌服务的自给量；④在生产 y 和 r 时所达到的专业化水平；⑤经济主体的间接效用函数：

$$x^d=\frac{\varphi_o(1-a-b)p_y}{3p_x};\quad y^s=y=\frac{\varphi_o(1-a-b)}{3};\quad r=\frac{\eta_o(1-a-b)}{3};$$

$$L_y=\frac{a+2(1-b)}{3},\ L_r=\frac{1-a+2b}{3};\quad U_{oy}{}^B=\left[\left(\frac{1-a-b}{3}\right)^3\frac{\varphi_o{}^2\eta_o k_1 p_y}{p_x}\right]^{\frac{1}{2}} \tag{4.32}$$

根据效用均等条件 $U_{ox}{}^{B}=U_{oy}{}^{B}$ 可求得：①制造产品 x 与 y 的均衡相对价格；②均衡效用水平：

$$\frac{p_x}{p_y}=1;\ U_o{}^{B}=\left[\left(\frac{1-a-b}{3}\right)^3\varphi_o{}^2\eta_o k_1\right]^{\frac{1}{2}} \tag{4.33}$$

（3）结构 C：城市间部分分工结构。结构 C 有两个组合。一个组合为：城市 c 中的经济主体选择模式 yr/x，而城市 o 中的经济主体选择模式 xr/y。另一个组合为：城市 c 中的经济主体选择模式 xr/y，而城市 o 中的经济主体选择模式 yr/x。由于这两个组合是对称的，所以本书只是考虑前者。首先来分析城市 c 的情况。对于模式 yr/x 而言，经济主体的决策为：

$$\begin{aligned}\max\ U_c{}^{C}&=(krx^d y)^{\frac{1}{2}}\\ \text{s. t.}\ \ y+y^s&=\varphi_c(L_y-a)\\ r&=\eta_c(L_r-b)\\ L_y+L_r&=1\\ p_y y^s&=p_x x^d\end{aligned} \tag{4.34}$$

解这个最优化问题，可得：①x 产品的需求量；②y 产品的供给量和自给量；③品牌服务的自给量；④在生产 y 和 r 时所达到的专业化水平；⑤经济主体的间接效用函数：

$$x^d=\frac{\varphi_c(1-a-b)p_y}{3p_x};\ y^s=y=\frac{\varphi_c(1-a-b)}{3};\ r=\frac{\eta_c(1-a-b)}{3};$$

$$L_y=\frac{a+2(1-b)}{3},L_r=\frac{1-a+2b}{3};\ U_c{}^{C}=\left[\left(\frac{1-a-b}{3}\right)^3\frac{\varphi_c{}^2\eta_c kp_y}{p_x}\right]^{\frac{1}{2}} \tag{4.35}$$

再来分析城市 o 的情况。对于模式 xr/y 而言，经济主体的决策为：

$$\begin{aligned}\max\ U_o{}^{C}&=(xkry^d)^{\frac{1}{2}}\\ \text{s. t.}\ \ x+x^s&=\varphi_o(L_x-a)\\ r&=\eta_o(L_r-b)\\ L_x+L_r&=1\\ p_x x^s&=p_y y^d\end{aligned} \tag{4.36}$$

解这个最优化问题，可得：①y 产品的需求量；②x 产品的供给量和自给量；③品牌服务的自给量；④在生产 x 和 r 时所达到的专业化水平；⑤经济主体的间接效用函数：

$$y^d=\frac{\varphi_o(1-a-b)p_x}{3p_y};\ x^s=x=\frac{\varphi_o(1-a-b)}{3};\ r=\frac{\eta_o(1-a-b)}{3};$$

$$L_x=\frac{a+2(1-b)}{3},L_r=\frac{1-a+2b}{3};\ U_o{}^{C}=\left[\left(\frac{1-a-b}{3}\right)^3\frac{\varphi_o{}^2\eta_o kp_x}{p_y}\right]^{\frac{1}{2}} \tag{4.37}$$

根据市场出清条件可得

$$\begin{cases} M_o x^s = M_c x^d \\ M_o y^d = M_c y^s \end{cases} \tag{4.38}$$

已知 $M_o = M_c$，把上文的对应均衡解代入（4.38）式可求得：①制造产品 x 与 y 的均衡相对价格；②两个城市经济主体的均衡效用水平：

$$\frac{p_x}{p_y} = \frac{\varphi_c}{\varphi_o};\quad U_c{}^C = \left[\left(\frac{1-a-b}{3}\right)^3 \varphi_c \varphi_o \eta_c k\right]^{\frac{1}{2}}, U_o{}^C = \left[\left(\frac{1-a-b}{3}\right)^3 \varphi_c \varphi_o \eta_o k\right]^{\frac{1}{2}} \tag{4.39}$$

（4）结构 D：完全分工。完全分工包括一个城市内部的完全分工和城市之间的完全分工两种情况。由于第一种情况不能反映生产的空间分离，且其相对单个城市来说，实质是自给自足的，所以为了简便但不失一般性，这里仅仅分析城市之间完全分工的情况。在结构 D 中，所有的经济主体都实现了充分的专业化。此时，城市 c 中的所有经济主体都选择模式 r/xy；城市 o 中一类经济主体选择模式 x/yr，另一类经济主体选择模式 y/xr。首先考虑城市 c 的情况。对于模式 r/xy 而言，经济主体的决策为：

$$\begin{aligned} \max\ U_{cr}{}^D &= (k^2 r^2 x^d y^d)^{\frac{1}{2}} \\ \text{s.t.}\ 2r + r^s &= \eta_c (L_r - b) \\ L_r &= 1 \\ p_r r^s &= p_x x^d + p_y y^d \end{aligned} \tag{4.40}$$

解这个最优化问题，可得：①x 和 y 产品的需求量；②品牌服务的供给量和自给量；③经济主体的间接效用函数：

$$x^d = \frac{\eta_c(1-b)p_r}{4p_x},\quad y^d = \frac{\eta_c(1-b)p_r}{4p_y},\quad r^s = \frac{\eta_c(1-b)}{2},\quad r = \frac{\eta_c(1-b)}{4};$$

$$U_{cr}{}^D = \left\{\left[\frac{\eta_c(1-b)}{4}\right]^4 \frac{k^2 p_r{}^2}{p_x p_y}\right\}^{\frac{1}{2}} \tag{4.41}$$

再来考虑城市 o 的情况。对于模式 x/yr 而言，经济主体的决策为：

$$\begin{aligned} \max\ U_{ox}{}^D &= (x k_1 \lambda r^d y^d)^{\frac{1}{2}} \\ \text{s.t.}\ x + x^s &= \varphi_o (L_x - a) \\ L_x &= 1 \\ p_x x^s &= p_y y^d + p_r r^d \end{aligned} \tag{4.42}$$

解这个最优化问题，可得：①y 和 r 的需求量；②x 的供给量和自给量；③经济主体的间接效用函数：

$$y^d = \frac{\varphi_o(1-a)p_x}{3p_y};\quad r^d = \frac{\varphi_o(1-a)p_x}{3p_r};\quad x^s = \frac{2\varphi_o(1-a)}{3};\quad x = \frac{\varphi_o(1-a)}{3};$$

$$U_{ox}{}^D = \left\{\left[\frac{\varphi_o(1-a)}{4}\right]^3 \frac{k_1 \lambda p_x{}^2}{p_r p_y}\right\}^{\frac{1}{2}} \tag{4.43}$$

对于模式 y/xr 而言，经济主体的决策为：

$$\max U_{oy}{}^{D} = (k_1 \lambda r^d x^d y)^{\frac{1}{2}}$$
$$\text{s.t.}\quad y + y^s = \varphi_o(L_y - a)$$
$$L_y = 1$$
$$p_y y^s = p_x x^d + p_r r^d \tag{4.44}$$

解这个最优化问题，可得：①x 和 r 的需求量；②y 的供给量和自给量；③经济主体的间接效用函数：

$$x^d = \frac{\varphi_o(1-a)p_y}{3p_x};\quad r^d = \frac{\varphi_o(1-a)p_y}{3p_r};\quad y^s = \frac{2\varphi_o(1-a)}{3};\quad y = \frac{\varphi_o(1-a)}{3};$$

$$U_{oy}{}^{D} = \left\{\left[\frac{\varphi_o(1-a)}{4}\right]^3 \frac{k_1 \lambda p_y{}^2}{p_r p_x}\right\}^{\frac{1}{2}} \tag{4.45}$$

由于城市 o 中的经济主体事前一样，所以事后必然获得相等的效用。根据效用均等条件 $U_{ox}{}^{D} = U_{oy}{}^{D}$ 可求得

$$\frac{p_x}{p_y} = 1 \tag{4.46}$$

令城市 o 中选择模式 x/yr 和 y/xr 的经济主体的数量分别为 M_{ox} 和 M_{oy}，则 $M_{ox} + M_{oy} = M_o$。把前文对应的均衡解代入市场出清条件所确定的方程组可得

$$\begin{cases} M_{ox} \cdot \dfrac{2\varphi_o(1-a)}{3} = M_{oy} \cdot \dfrac{\varphi_o(1-a)p_y}{3p_x} + M_c \cdot \dfrac{\eta_c(1-b)p_r}{4p_x} \\ M_{oy} \cdot \dfrac{2\varphi_o(1-a)}{3} = M_{ox} \cdot \dfrac{\varphi_o(1-a)p_x}{3p_y} + M_c \cdot \dfrac{\eta_c(1-b)p_r}{4p_y} \\ M_c \cdot \dfrac{\eta_c(1-b)}{2} = M_{ox} \cdot \dfrac{\varphi_o(1-a)p_x}{3p_r} + M_{oy} \cdot \dfrac{\varphi_o(1-a)p_y}{3p_r} \end{cases} \tag{4.47}$$

已知 $\frac{p_x}{p_y} = 1$，$M_{ox} + M_{oy} = M_o = M_c$，所以可解得：①制造产品 x 与品牌服务 r 的均衡相对价格；②制造产品 y 与品牌服务 r 的均衡相对价格；③两个城市经济主体的均衡效用水平：

$$\frac{p_x}{p_r} = \frac{3\eta_c(1-b)}{2\varphi_o(1-a)};\quad \frac{p_y}{p_r} = \frac{3\eta_c(1-b)}{2\varphi_o(1-a)};$$

$$U_o{}^{D} = \left[\frac{(1-a)(1-b)}{18}\varphi_o{}^2 \eta_c k_1 \lambda\right]^{\frac{1}{2}},\quad U_c{}^{D} = \frac{(1-a)(1-b)}{24}\varphi_o \eta_c k \tag{4.48}$$

4.3.1.3　超边际分析与一般均衡结构

已知 $\varphi_c < \varphi_o$，$k < k_1$，则可求得 $U_o{}^{B} > U_o{}^{C}$，所以结构 C 不可能为一般均衡结构。如果结构 A、B 或 D 在均衡中出现，它们必须分别满足以下条件：

$$U_o^A > U_o^B,\ U_o^A > U_o^D,\ U_c^A > U_c^B,\ U_c^A > U_c^D;$$
$$U_o^B > U_o^A,\ U_o^B > U_o^D,\ U_c^B > U_c^A,\ U_c^B > U_c^D;$$
$$U_o^D > U_o^A,\ U_o^D > U_o^B,\ U_c^D > U_c^B,\ U_c^D > U_c^A \quad (4.49)$$

把前文对应的均衡解代入各个不等式，并求解联立不等式（4.49），可以得到如表 4.7 中的三个一般均衡结构。其中，$k_{1c}' = \frac{27(1-2a)^2}{4(1-a-b)^3\eta_c}$，$k_{1o}' = \frac{27(1-2a)^2}{4(1-a-b)^3\eta_o}$，$k_c' = \frac{12(1-2a)\varphi_c}{(1-a)(1-b)\varphi_o\eta_c}$，$\lambda_o' = \frac{2(1-a-b)^3\eta_o}{3(1-a)(1-b)\eta_c}$，$N_0 = \frac{9(1-2a)^2}{2(1-a)(1-b)\eta_c}$，$H_0 = \frac{64(1-a-b)^3\varphi_c^2}{3(1-a)^2(1-b)^2\varphi_o^2\eta_c}$。

表 4.7 超边际及一般均衡比较静态

—	$k \in (0, K_c')$	$k_1 \in (k_{1o}', 1)$	$k \in (k_c', 1)$
$k_1 \in (0, K_{1c}')$	$k_1\lambda \in (0, N_0)$ 结构 A	—	—
$\lambda \in (0, \lambda_o')$	—	$\frac{k^2}{k_1} \in (0, H_0)$ 结构 B	—
$\lambda \in (\lambda_o', 1)$	—	—	$k_1\lambda \in (N_0, 1)$ $\frac{k^2}{k_1} \in (H_0, 1)$ 结构 D

4.3.2 制造商与品牌商空间分离的机理分析

由表 4.7 可以看出，如果制造产品的城市间交易效率较低（即 $k \in (0, K_c')$），那么城市间的分工就不会出现。在这种情况下，如果制造产品的城市内交易效率也较低（即 $k_1 \in (0, K_{1c}')$），且使得 $k_1\lambda \in (0, N_0)$，那么，自给自足的结构 A 为一般均衡结构。结构 B 是制造产品在城市内进行分工的结构。如果结构 B 为一般均衡结构，就必须要求制造产品的城市内交易效率足够高（即 $k_1 \in (k_{1o}', 1)$），同时，它相对于城市间交易效率来说也要足够高（即$\frac{k^2}{k_1} \in (0, H_0)$）。而且结构 B 成为一般均衡结构还要品牌服务的城市间交易效率足够低（即 $\lambda \in (0, \lambda_o')$），因为此时的营销环节在城市之间仍然处于自给自足状态。随着制造产品，品牌服务的城市间交易效率提高到一定程度（即满足 $k \in (k_c', 1)$ 以及 $\lambda \in (\lambda_o', 1)$），并使$\frac{k^2}{k_1} \in (H_0, 1)$以及 $k_1\lambda \in$

(N_0, 1)，那么，完全分工的结构 D 为一般均衡结构。在结构 D 中，城市 c 中的经济主体专门提供品牌服务，而城市 o 中一部分经济主体专业化生产制造产品 x，另一部分经济主体专业化生产制造产品 y，他们都向城市 c 中的经济主体购买品牌服务。由此可得

命题 4.4：随着制造产品以及品牌服务的城市间交易效率的充分提高，制造环节和营销环节的城市间分工将出现，从而形成制造商和品牌商的空间分离。

由于结构 D 中出现了制造商和品牌商的空间分离，所以我们将重点深入研究结构 D，以探索制造商和品牌商空间分离的动力机制。在结构 D 中，城市 c 中的所有经济主体都选择模式 r/xy；城市 o 中一类经济主体选择模式 x/yr，另一类经济主体选择模式 y/xr。已知城市 o 在制造环节上具有外生比较优势，城市 c 在营销环节上具有外生比较优势。这表明发挥两个城市的外生比较优势是经济主体选择"贴牌生产"的一个重要动力。而且，随着城市间分工的出现，两个城市将会有更多的经济主体选择具有外生比较优势的模式，这种情况必然引起内生比较优势的出现（杨小凯，2003）[①]。总之，制造商和品牌商的空间分离可以充分发挥两个城市的比较优势。由此可得

命题 4.5：发挥各个城市的比较优势是形成制造商和品牌商空间分离的重要动力。

在结构 D 中，城市 c 中的所有经济主体都选择模式 r/xy，表明所有的经济主体都专门提供品牌服务；城市 o 中一类经济主体选择模式 x/yr，另一类经济主体选择模式 y/xr，表明其中的一类经济主体专业化生产制造产品 x，另一类经济主体专业化生产制造产品 y。由于营销环节和制造环节都存在固定学习成本，所以专业化生产制造产品的经济主体不必支付品牌服务的固定学习成本。同样，专门提供品牌服务的经济主体不必支付制造产品的固定学习成本。随着城市间完全分工的出现，一方面，两个城市中的经济主体将会用更多的劳动时间专门从事各自具有外生比较优势的生产环节，这个过程使其现在只需支付一个生产环节的固定学习成本（他们以前需要支付两个生产环节的固定学习成本）。另一方面，经济主体用更多的劳动时间从事一种生产环节，这将会显著提高他们的专业化水平，从而加强学习效应。这说明结构 D 中的完全分工（制造商和品牌商的空间分离）有利于各个城市的经济主体提高专业化水平，从而充分利用专业化经济。由此可得：

命题 4.6：充分利用制造环节和营销环节之间的分工所形成的专业化经济是形成制造商和品牌商空间分离的重要动力。

---

① 杨小凯．发展经济学［M］．北京：社会科学文献出版社，2003.

4.4 本章小结

全球价值链的形成需要建立在产品内分工的基础上，而产品内分工是由产品间分工经分工演进转化而来的。第3章从产品间分工对城市的形成进行了具体的研究，因此本章只是在第3章的基础上来研究全球价值链的空间逻辑。为此，本章外生假定经济系统中已经出现了城市，并把产品内分工所形成的各环节主要划分为研发环节、制造环节和营销环节，在此基础上通过构建新兴古典经济学模型对全球价值链的空间逻辑进行深入研究。在模型的具体操作上，本章把研发商和品牌商进行了分离处理，由此构建了两个模型。

通过第一个模型的分析发现，制造商与研发商空间分离的一个重要动力是根据自身生产环节所要求的比较优势寻找满足条件的城市，但是，只有城市间交易效率足够高，使经济主体利用各个城市比较优势所获得的收益足够弥补城市间交易成本时，他们之间的空间分离才会形成。同时还发现，他们之间的空间分离既可以在企业内部完成也可以通过市场来实现，他们的选择依赖于企业内、外部城市间交易效率的高低，具体为：企业内部城市间交易效率越高，一体化企业的空间分离则越可能出现，反之亦是。

通过第二个模型的分析发现，随着制造产品以及品牌服务的城市间交易效率的充分提高，制造环节和营销环节的城市间分工将出现，从而形成制造商和品牌商的空间分离。其中，引起这种空间分离的重要动力有以下两个：一是发挥各个城市的比较优势；二是充分利用制造环节和营销环节之间的分工所形成的专业化经济。

第5章 全球价值链下城市发展的内在机制

在全球价值链下，城市之间的联系通过价值链分工来形成。在这种情况下，这些城市共同组成了全球价值链的空间载体，它们分别是全球价值链当中某些生产环节的集聚地。因此，处于价值链分工中的城市的经济发展与全球价值链必然存在密切联系。

5.1 全球价值链与城市发展

为了简便，我们将第4章的第一个模型称为模型1，将第4章的第二个模型称为模型2。本节主要回答以下问题：一个城市融入全球价值链是否促进该城市的经济发展？

首先来看模型1。在模型1中，有三种均衡结构。①自给自足结构$(y_1x_1)_s(y_2x_2)_s$。在这种结构中，两个城市同时专业化生产产品x和y。此时，两个城市之间不存在分工，它们都是自给自足的。②外商直接投资（FDI）结构$(y_1)_v(x_2)_v$。在这种结构中，一体化企业在城市1生产产品y，而在城市2中建立生产产品x的海外企业。③城市间外包结构$(y_1)_s(x_2)_s$。在这种结构中，企业在城市1中专门生产产品y，而把产品x外包给城市2中的专业化企业生产。

由上面三种均衡结构的特征可知，第一种均衡结构中的城市是自给自足的，说明它们没有融入全球价值链；而在第二、第三种均衡结构中，各个城市之间形成了价值链分工，说明它们已经融入全球价值链。

根据模型1，如果某种均衡结构是一般均衡结构，那么该结构中消费者可以获得最大效用，而企业获得最大利润。而由命题4.2可知，一般均衡结构的出现受制于城市间交易效率。只有城市间交易效率足够高，使经济主体利用各个城市比较优势所获得的收益足够弥补城市间交易成本时，一般均衡结构才会由第一种均衡结构向第二、第三种均衡结构演进。因此，只要城市间交易效率足够高，第二、第三种均衡结构就可以成为一般均衡结构，此时，消费者的效用水平与企业的利润水平都比第一种均衡结构的要高。

接着来看模型2。在模型2中，也有三种均衡结构。①结构 A：自给自足。结构 A 代表自给自足经济，即每个经济主体都自给最终产品 x、y。②结构 B：城市内部分分工结构。在结构 B 中，两个城市内部都出现了部分分工，都存在两类经济主体：一类为选择模式 xr/y 的经济主体，另一类为选择模式 yr/x 的经济主体。③结构 D：城市之间完全分工结构。在结构 D 中，所有的经济主体都实现了充分的专业化。此时，城市 c 中的所有经济主体都选择模式 r/xy；城市 o 中一类经济主体选择模式 x/yr，另一类经济主体选择模式 y/xr。

由上面三种均衡结构的特征可知，第一、第二种均衡结构中的城市是自给自足的，城市之间没有形成分工，说明它们没有融入全球价值链；而在第三种均衡结构中，城市之间形成了价值链分工，说明它们已经融入全球价值链。

根据模型1，如果某种均衡结构是一般均衡结构，那么该结构中生产者—消费者（或品牌商—消费者）可以获得最大效用。而由命题4.4可知，只有制造产品以及品牌服务的城市间交易效率充分提高，一般均衡结构才会由第一、第二种均衡结构演进到第三种均衡结构。因此，只要制造产品以及品牌服务的城市间交易效率充分提高，第三种均衡结构就可以成为一般均衡结构，此时，生产者—消费者（或品牌商—消费者）的效用水平比第一、第二种均衡结构的都要大。

综合以上分析可得，只要城市间交易效率足够高，城市之间就可以形成价值链分工，此时，城市中的每个经济主体都可以实现自己的目标最大化，而每个经济主体的目标最大化共同促进城市的经济发展。因此，可总结出以下命题：

命题5.1：在全球价值链下，如果一个城市不断提高它与处于全球价值链中的城市之间的交易效率，通过与其形成价值链分工来融入全球价值链，那么这将促进该城市更快的经济发展。

5.2 全球价值链下城市发展的动力分析

在第一节中，已经得知融入全球价值链可以促进城市的经济发展。在该节中，本书将深入分析全球价值链下城市发展的重要动力。为此，本书将分别对模型1和模型2中所有的处于全球价值链中城市的一般均衡结构进行研究。这些一般均衡结构包括以下三种。①模型1中的外商直接投资（FDI）结构$(y_1)_v(x_2)_v$。在这种结构中，一体化企业在城市1中生产产品y，而在城市2中建立生产产品x的海外企业。②模型1中的城市间外包结构$(y_1)_s(x_2)_s$。在这种结构中，企业在城市1中专门生产产品y，而把产品x外包给城市2中的专业化企业生产。③模型2中的结构D：城市之间完全分工结构。在结构D中，所有的经济主体都实现了充分的专业化。此时，城市c中的所有经济主体都选择模式r/xy；城市o中一类经济主体选择模式x/yr，另一类经济主体选择模式y/xr。根据模型1和模型2的理论分析，下面将从比较优势、专业化经济以及规模经济三个方面来探讨全球价值链下城市发展的重要动力。

5.2.1 比较优势

在结构$(y_1)_v(x_2)_v$中，一体化企业在城市1生产产品y，而在城市2中建立生产产品x的海外企业。已知城市1在生产产品y上具有外生比较优势，城市2在生产产品x上具有外生比较优势。这说明在结构$(y_1)_v(x_2)_v$中，一体化企业根据各个城市的比较优势选择所从事的生产环节。而且，由于城市之间形成了价值链分工，所以一体化企业每个城市的生产环节都可以利用对方城市的比较优势。在结构$(y_1)_v(x_2)_v$中，城市2在研发环节上具有比较优势。为了充分利用城市2的这种比较优势，一体化企业在城市1与城市2之间进行了价值链分工，让城市2来从事自己的研发活动。同样，城市1在制造环节上具有比较优势。为了充分利用城市1的这种比较优势，一体化企业在城市2与城市1之间进行了价值链分工，让城市1来从事自己的制造活动。

在结构$(y_1)_s(x_2)_s$中，企业在城市1中专门生产产品y，而把产品x外包给城市2中的专业化企业生产。已知城市1在生产产品y上具有外生比较优势，城市2在生产产品x上具有外生比较优势。这说明在结构$(y_1)_s(x_2)_s$中，各个城市都按照自身的比较优势选择所从事的生产环节。而且，由于城市之间形成了价值链分工，所以每个城市都可以利用其他城市的比较优势。在结构$(y_1)_s(x_2)_s$中，城市2在研发环节上具有比较优势。为了充分利用城市2的这种比较优势，城市1与城市2进行了价值链分工，让城市2来从事自己所需的研发活动。同样，城市1在制造环节上具有比较优势。为了充分利用城市1的这种比较优势，城市2与城市1进行了价值链分工，让城市1来从事自己所需的制造活动。

在结构D中，城市c中的所有经济主体都选择模式r/xy；城市o中一类经济主体选择模式x/yr，另一类经济主体选择模式y/xr。已知城市c在品牌服务r上具有外生比较优势，城市o在制造产品x和y上具有外生比较优势。这说明在结构D中，各个城市都按照自身的比较优势选择所从事的生产活动。而且，由于城市之间形成了价值链分工，所以每个城市都可以利用其他城市的比较优势。在结构D中，城市c在品牌服务上具有比较优势。为了充分利用城市c的这种比较优势，城市o与城市c进行了价值链分工，让城市c来从事自己所需的营销环节。同样，城市o在制造环节上具有比较优势。为了充分利用城市o的这种比较优势，城市c与城市o进行了价值链分工，让城市o来从事自己所需的制造环节。

综合上述分析可得，在城市之间进行价值链分工的情况下，三种结构中的城市都无一例外地按照自己的比较优势来选择自己从事的生产环节，从而充分发挥自身的比较优势。与此同时，城市之间通过价值链分工来充分利用对方的比较优势。于是可得

命题5.2：在全球价值链下，城市发展的一个重要动力是各个城市按照自己的比较优势来选择自己从事的生产环节，从而充分发挥自身的比较优势，并通过价值链分工来充分利用对方的比较优势。

5.2.2 专业化经济

在结构$(y_1)_v(x_2)_v$中，一体化企业在城市1生产产品y，而在城市2中建立生产产品x的海外企业。此时，一体化企业在城市1不再从事中间产品x的生产，而专门生产最终产品y，在城市2不再从事最终产品y的生产，而专门生产中间产品x。这说明，结构$(y_1)_v(x_2)_v$中的城市都实现了专业化生产，从而充分利用专业化经济。而且，由于城市之间形成了价值链分工，所以一体化企业在每个城市的生产环节都可以利用对方城市的专业化经济。在结构$(y_1)_v(x_2)_v$中，一体化企业在城市1与城市2之间进行了价值链分工，让城市1专门从事制造活动，让城市2专门从事研发活动。与此同时，城市1的制

造环节可以采用城市 2 的研发服务，而城市 2 中的消费者可以购买城市 1 的制造产品。

在结构$(y_1)_s(x_2)_s$中，企业在城市 1 中专门生产产品 y，而把产品 x 外包给城市 2 中的专业化企业生产。此时，城市 1 不需从事中间产品 x 的生产，而专门生产最终产品 y；城市 2 不需从事最终产品 y 的生产，而专门生产中间产品 x。这说明，结构$(y_1)_s(x_2)_s$中的城市也都实现了专业化生产，从而充分利用专业化经济。同样，由于城市之间形成了价值链分工，所以每个城市的生产环节都可以利用对方城市的专业化经济。在结构$(y_1)_s(x_2)_s$中，城市 1 专门从事制造活动，让城市 2 专门从事研发活动。与此同时，城市 1 的制造环节可以采用城市 2 的研发服务，而城市 2 中的消费者可以购买城市 1 的制造产品。

在结构 D 中，城市 c 中的所有经济主体都选择模式 r/xy；城市 o 中一类经济主体选择模式 x/yr，另一类经济主体选择模式 y/xr。此时，城市 c 不需从事制造产品 x 和 y 的生产，而专门从事品牌服务 r；城市 o 不需从事品牌服务 r，而专门从事制造产品 x 和 y 的生产（制造产品 x 和 y 在城市 o 实现了专业化生产）。这说明，结构 D 中的城市同样都实现了专业化生产，进而充分利用专业化经济。同样的道理，由于城市之间形成了价值链分工，所以每个城市的生产环节都可以利用对方城市的专业化经济。在结构 D 中，城市 c 专门从事品牌服务 r，让城市 o 专门从事制造产品 x 和 y 的生产。与此同时，城市 o 的制造产品的销售可以利用城市 c 的品牌服务，而城市 c 中的品牌商——消费者可以消费城市 o 的制造产品。

总结以上分析可得，在全球价值链下，城市之间的价值链分工有利于各个城市专业化水平的提高，从而利用由此产生的专业化经济。与此同时，城市之间通过价值链分工来充分利用对方所形成的专业化经济。由此可得以下命题：

命题 5.3：在全球价值链下，城市发展的一个重要动力是城市之间的价值链分工有利于各个城市专业化水平的提高，从而利用由此产生的专业化经济，且这种专业化经济可以惠及其他城市。

5.2.3　规模经济

由于固定成本和学习效应等的存在，在生产过程中一般会出现规模经济。但是规模经济的利用需要生产规模与消费规模的等量增加。对于结构$(y_1)_v(x_2)_v$和$(y_1)_s(x_2)_s$来说，通过发挥自身比较优势和利用自身专业化经济，城市 1 和城市 2 都可以扩大生产规模；同时，城市 1 通过利用城市 2 的比较优势和专业化经济，可以进一步扩大生产规模，即采用城市2的研发技术来生产制造产品。而消费规模的扩大缘于：①城市之间形成价值链分工，使市场范围扩大到所有城市。②由前文分析可知，当城市间交易效率足够高，从而使城市之间形成价值链分工时，消费者可以获得最大实际收入，而更高的收入水平可以刺激更高的消费水平。因此，结构$(y_1)_v(x_2)_v$和$(y_1)_s(x_2)_s$中的经济主体都可以利用规模经济，从而促进自己所在城市的经济发展。

对于结构D来说，通过发挥自身比较优势和利用自身专业化经济，城市c和城市o同样都可以扩大生产规模。消费规模的扩大同样也可以通过后面两个方面来实现：①城市之间形成价值链分工，使市场范围扩大到所有城市。②当城市间交易效率足够高，从而使城市之间形成价值链分工时，消费者可以获得最大实际收入，而更高的收入水平可以刺激更高的消费水平。同时，城市o通过利用城市c的比较优势和专业化经济，可以进一步扩大消费规模，即利用城市c的品牌服务来销售制造产品。因此，结构D中的经济主体也都可以利用规模经济，从而促进自己所在城市的经济发展。

总结以上分析可得，在全球价值链下，城市之间进行价值链分工有利于各个城市利用规模经济。于是可得以下命题：

命题5.4：在全球价值链下，城市发展的一个重要动力是城市之间进行价值链分工有利于各个城市利用规模经济。

5.3 全球价值链下城市发展的机理分析

在理论分析的过程中，考虑到学界在经济全球化过程中普遍提到的研发全球化、生产全球化及营销全球化，这里将价值链分工所形成的各生产环节主要划分为研发设计环节、制造组装环节和品牌营销环节。这三大环节各具有不同的增值能力，分别对应着不同的工序和区段，它们共同构成了统一的全球价值链。其中，研发设计环节和品牌营销环节属于高端环节，而制造组装环节属于低端环节。为了建模的简便，这里只对一种高端环节和一种低端环节之间的分工情形进行研究，在高端环节中选择研发设计环节。[①]

① 无论选择哪种高端环节，基本结论都不会改变。

5.3.1　价值链分工从城市内向城市间演进的理论框架

5.3.1.1　模型设定[①]

考虑一个拥有两个城市的经济体，分别设为城市 o 和城市 c。所有的经济主体既是生产者又是消费者，可以表述为生产者—消费者。假定经济主体的集合为一连续统，总量为 M，其中，城市 o 和城市 c 的经济主体个数分别为 M_o 和 M_c。在这个经济系统中有一种最终产品 y 可供生产和消费，所有经济主体都消费这种产品。为了满足消费，他们可以自己生产或者从市场中购买最终产品 y。结合研究目的，本书进一步假定：产品 y 存在两个生产环节，一个是研发设计环节，另一个是制造组装环节。第一个生产环节为最终产品 y 提供研发服务，第二个生产环节的目的就是制造组装，为市场提供最终产品 y。借鉴庞春（2010）[②] 的建模技术，设研发服务的生产函数为：

$$r^p = \max\{0,\ \eta_i(L_r - b)\} = \begin{cases} r & （若自用） \\ r^s & （若出售） \end{cases} \quad (5.1)$$

（5.1）式中，r^p 表示研发服务产出，L_r 表示经济主体用在研发设计环节上的劳动份额，即专业化水平。研发服务属于无形产品，不可分割，因此，要么 $r^p = r$，要么 $r^p = r^s$（r 和 r^s 大于或等于 0，分别表示研发服务的自给量和供给量）。η_i 和 B（η_i，$B > 0$，$i = c, o$）分别表示研发服务的生产效率系数和固定学习成本。最终产品 y 的生产函数为：

$$y + y^s = \max\{0,\ \varphi_i\ (r + \lambda r^d)^{\alpha}\ (L_y - a)^{1-\alpha}\} \quad (5.2)$$

（5.2）式中，y 和 y^s 大于或等于 0，分别表示最终产品的自给量和供给量，φ_i 和 a（φ_i，$a > 0$，$i = c, o$）分别表示制造组装的生产效率系数和固定学习成本，L_y 表示经济主体用在制造组装环节上的劳动份额，r^d（$r^d \geqslant 0$）表示研发服务的需求量，$\alpha \in (0, 1)$ 和 $1 - \alpha$ 分别表示用于最终产品生产的两种投入的相对份额（为了简便又不失一般性，令 $\alpha = 1$）。如果非自给自足的生产者—消费者不是自己提供研发服务，就需要从市场中购买研发服务，那么这种市场交易过程必然产生交易成本。用 $1 - \lambda$（$\lambda \in (0, 1)$）表示研发服务

① 模型中一些函数及相关约束条件的设定主要参考新兴古典经济学的相关基础模型，这些模型的具体建模技术可参见杨小凯的《经济学原理》和《发展经济学》。（杨小凯．经济学原理［M］．北京：中国社会科学出版社，1998；杨小凯．发展经济学［M］．北京：社会科学文献出版社，2003.）另外，研发服务生产函数的设定借鉴庞春（2010）的研究。

② 庞春．一体化、外包与经济演进：超边际：新兴古典一般均衡分析［J］．经济研究，2010，(3)：114—128.

在城市内交易时所产生的单位交易成本，则 λ 表示这一交易过程的交易效率。因此，研发服务的买方实际所得到的研发服务为 λr^d。同样，城市间研发服务的市场交易也会产生交易成本，此时，用 $\lambda^* \in (0, 1)$ 来表示该交易过程的交易效率。

假定两个城市在不同生产环节中的生产效率系数是不同的，表现为城市 c 在研发设计环节上具有较高的生产效率，而在制造组装环节上具有较低的生产效率，即 $\eta_o < \eta_c$，$\varphi_c < \varphi_o$。据此可求得

$$\frac{\eta_c}{\varphi_c} > \frac{\eta_o}{\varphi_o} \tag{5.3}$$

（5.3）式表明，城市 o 在制造组装环节上具有外生比较优势，城市 c 在研发设计环节上具有外生比较优势。由于制造组装环节属于低端生产环节，而研发设计环节属于高端生产环节，所以假定制造组装环节的固定学习成本低于研发设计环节，即 $b > a$。假定经济主体的禀赋约束如下

$$L_y + L_r = 1, \quad L_y,\ L_r \in [0,\ 1] \tag{5.4}$$

经济主体的预算约束如下

$$p_y(y^s - y^d) + p_r(r^s - r^d) = 0 \tag{5.5}$$

（5.5）式中，p_y 和 p_r 分别表示最终产品 y 和研发服务 r 的价格，y^d（$y^d \geqslant 0$）表示最终产品的需求量。经济主体的效用函数设为：

$$U = y + k\,y^d \tag{5.6}$$

（5.6）式中，如同研发服务的市场交易一样，最终产品的市场交易也会产生交易成本，因此，式中 k 表示最终产品在城市内交易时的交易效率（$k \in (0, 1)$）。所以，最终产品的买方实际所得到的最终产品为 ky^d。同样，当最终产品在城市间进行市场交易时，用 k^* 来表示该交易过程的交易效率。

5.3.1.2　模型求解

对于每个经济主体来说，为了满足自己的消费，他们既可以自我供给最终产品 y，也可以从市场上购买。据此可知，为了满足对最终产品 y 的消费需求，有以下三种决策可供经济主体选择：第 1 种决策为自给自足决策（表达为 ry），经济主体既从事研发服务，又生产最终产品 y，且生产仅为自己消费；第 2 种决策的表达为 r/y，经济主体从事研发服务，并出售研发服务，为了消费最终产品 y，买入 y；第 3 种决策的表达为 y/r，经济主体从市场中购买研发服务，自己制造组装最终产品 y，一部分自己消费，其他用于出售。根据新兴

古典城市化理论[①]，当一般均衡结构为自给自足状态时，城市就不可能出现。由于模型建立在城市已经存在的基础上，所以本书略去自给自足决策的情形。另外，如果经济主体不按照外生比较优势原则进行分工，那么他们进行分工所形成的分工结构不是一般均衡结构（杨小凯，2003）[②]。因此，在经济主体按照外生比较优势原则进行分工的前提下，基于上面两种决策，本书根据文定理[③]及研究目的选择以下两种分工结构展开讨论。

（1）结构 A：城市内分工结构。在结构 A 中，两个城市内都出现了部分分工，都存在两类经济主体：一类为选择模式 r/y 的经济主体，另一类为选择模式 y/r 的经济主体。首先考虑城市 c 的情况。对于模式 r/y 而言，经济主体的决策[④]为：

$$\begin{aligned} \max\ U_{cr}^{A} &= ky^{d} \\ \text{s.t. } r^{s} &= \eta_{c}(L_{r}-b) \\ L_{r} &= 1 \\ p_{r}r^{s} &= p_{y}y^{d} \end{aligned} \tag{5.7}$$

据此可求得经济主体的间接效用函数

$$U_{cr}{}^{A} = \frac{\eta_{c}k(1-b)p_{r}}{p_{y}} \tag{5.8}$$

同理，可据经济主体的决策问题求出模式 y/r 中经济主体的间接效用函数

$$U_{cy}{}^{A} = \frac{\varphi_{c}\lambda(1-a)p_{y}}{4p_{r}} \tag{5.9}$$

再利用效用均等条件 $U_{cr}{}^{A} = U_{cy}{}^{A}$ 可求得经济主体的均衡效用水平

$$U_{c}{}^{A} = \frac{1}{2}[(1-a)(1-b)\varphi_{c}\eta_{c}k\lambda]^{\frac{1}{2}} \tag{5.10}$$

根据在城市 c 中求解均衡效用水平的方法，可求出城市 o 中经济主体的均

---

① 这方面的经典文献有 Yang（1990）、Yang 和 Rice（1994）等，关于新兴古典城市化理论的详细介绍可参考杨小凯的《经济学——新兴古典与新古典框架》。杨小凯．经济学——新兴古典与新古典框架［M］．北京：社会科学文献出版社，2003. YANG X. Development, structure change, and urbanization［J］. Journal of Development Economics, 1990, 34（1-2）: 199-222; YANG X, RICE R. An equilibrium model endogenizing the emergence of a dual structure between the urban and rural sectors［J］. Journal of urban Economics, 1994, 35（3）: 346-368.

② 杨小凯对之进行了证明。杨小凯．发展经济学［M］．北京：社会科学文献出版社，2003.

③ 文定理：最优决策为任何人从不同时买和卖同种产品，从不同时买和生产同种产品，每个人最多卖一种产品。文定理的具体证明过程见杨小凯的《发展经济学》。杨小凯．发展经济学［M］．北京：社会科学文献出版社，2003.

④ 具体决策问题是根据模型设定的相关式子而得到的。下面每种分工结构的具体决策问题都是这样得到的，不再赘述。基于此，为了简化文章内容，本书将不再给出下面每种分工结构中的具体决策问题。

衡效用水平

$$U_o^{\ A}=\frac{1}{2}[(1-a)(1-b)\varphi_o\eta_o k\lambda]^{\frac{1}{2}} \tag{5.11}$$

（2）结构 B：城市间分工结构。在结构 B 中，两个城市之间出现了分工，其中，城市 c 中的经济主体选择模式为 r/y，城市 o 中的经济主体选择模式为 y/r。首先考虑城市 c 的情况，可据经济主体的决策问题求出以下变量：y 产品的需求量、研发服务的供给量、经济主体的间接效用函数。分别为：

$$y^d=\eta_c(1-b)\frac{p_r}{p_y};\ r^s=\eta_c(1-b);\ U_{cr}^{\ B}=k^*\eta_c(1-b)\frac{p_r}{p_y} \tag{5.12}$$

再来分析城市 c 的情况。对于模式 y/r 而言，同样可据经济主体的决策问题求出以下变量：y 产品的供给量、研发服务的需求量、经济主体的间接效用函数。分别为：

$$y^s=\frac{\varphi_o^{\ 2}\lambda(1-a)p_y}{4p_r};\ r^d=\frac{\varphi_o^{\ 2}\lambda(1-a)}{4}\left(\frac{p_y}{p_r}\right)^2;\ U_{oy}^{\ B}=\frac{\varphi_o\lambda^*(1-a)p_y}{4p_r} \tag{5.13}$$

把上述对应均衡解代入市场出清条件，又已知城市 o 和城市 c 的经济主体个数分别为 M_o 和 M_c，所以可求得两个城市经济主体的均衡效用水平为：

$$U_c^{\ B}=\frac{1}{2}\left[\frac{M_o}{M_c}\lambda^*k^*\eta_c\varphi_o^{\ 2}(1-a)(1-b)\right]^{\frac{1}{2}};\ U_o^{\ B}=\frac{1}{2}\left[\frac{M_c}{M_o}\lambda^*\eta_c(1-a)(1-b)\right]^{\frac{1}{2}} \tag{5.14}$$

如果结构 A 或结构 B 成为一般均衡结构，它们必须分别满足条件

$$U_o^{\ A}>U_o^{\ B},\ U_c^{\ A}>U_c^{\ B};$$
$$U_o^{\ B}>U_o^{\ A},\ U_c^{\ B}>U_c^{\ A} \tag{5.15}$$

把前文对应的均衡解代入各个不等式，并求解联立不等式组（5.15），得到如表 5.1 所示的两个一般均衡结构。

表 5.1　所有经济结构的均衡价格和工资

—	$\frac{\lambda^*}{\lambda k}<\frac{M_o\eta_o\varphi_o}{M_c\eta_c}$	$\frac{\lambda^*}{\lambda k}>\frac{M_o\eta_o\varphi_o}{M_c\eta_c}$
$\frac{\lambda^*k^*}{\lambda k}<\frac{M_c\varphi_c}{M_o\varphi_o^{\ 2}}$	结构 A	—
$\frac{\lambda^*k^*}{\lambda k}>\frac{M_c\varphi_c}{M_o\varphi_o^{\ 2}}$	—	结构 B

5.3.2　全球价值链下城市发展的一般机制

在全球价值链中，分工不仅表现在各个生产环节之间，而且也表现在城

市之间。正是各个生产环节被拆解后在空间上分布到全球范围内相应的城市，才使统一的全球价值链得以出现。结构 A 中只有生产环节出现了分工，而城市之间没有进行分工，所以结构 A 中的分工形式不属于全球价值链分工的类型。在结构 B 中，不仅生产环节之间出现了分工，而且两个城市之间也出现了分工，因此，结构 B 中的分工形式正是全球价值链分工的典型类型。基于此，本书将解析结构 B 来厘清全球价值链下城市发展的一般机制。

在结构 B 中，一方面，城市 o 中的经济主体生产最终产品 y，而城市 c 中的经济主体从事研发服务。已知城市 o 在生产最终产品 y 上具有外生比较优势，城市 c 在研发服务的生产上具有外生比较优势。这说明在结构 B 中，经济主体根据各个城市的外生比较优势选择他们从事的生产环节。而且，由于城市之间形成了价值链分工，所以每个城市的经济主体都可以利用其他城市的外生比较优势。

另一方面，城市 o 中的经济主体专门生产最终产品 y，而城市 c 中的经济主体专门从事研发服务。这说明结构 B 中的城市都实现了专业化生产，从而充分利用专业化经济。而且，由于城市之间形成了价值链分工，所以每个城市的经济主体都可以利用其他城市的专业化经济。

综上分析可得，在全球价值链下，各个城市按照自己的外生比较优势来选择自己从事的生产环节，从而充分发挥自身比较优势，而且，城市之间通过价值链分工来充分利用对方的外生比较优势；各个城市因价值链分工提高了专业化水平，从而利用由此产生的专业化经济，而且城市之间通过价值链分工可充分利用对方所形成的专业化经济。由此可知，在全球价值链下，每个城市的发展离不开其他城市，其发展需要与其他城市形成价值链分工，进而融入统一的全球价值链中，从而利用全球价值链中每个城市的外生比较优势和专业化经济。于是可得以下推论：

推论 1：在全球价值链下，每个城市的发展离不开其他城市，其需要与其他城市形成价值链分工来融入统一的全球价值链，从而利用全球价值链中每个城市的外生比较优势和专业化经济来求得发展。

接着来分析全球价值链下城市的转型。显然，在全球价值链下，城市的转型就是其在全球价值链分工的过程中不断集中高端生产环节。在结构 A 中，城市之间没有形成价值链分工，所以每个城市都必须从事高端生产环节和低端生产环节；而在结构 B 中，城市之间形成了价值链分工，其中，城市 o 中的经济主体从事代表高端生产环节的研发设计环节，所以城市 o 就可以集聚大量的高端生产环节。由此可见，在结构 A 向结构 B 演进的过程中，城市 o 中的经济主体由原先不得不从事高低端两种生产环节转变为只从事高端生产环节，这说明城市 o 在这一过程中实现了城市的转型。因此，在全球价值链下，城市的转型离不开其他城市，其必须与其他城市进行分工协作，在形成价值链分工的过程中集聚全球价值链中的高端生产环节。需要指出的是，在结构 B 中，只有城市 o 集聚大量的高端生产环节，这是因为城市 o 在从事代表高端生产环节的研发设计环节方面具有外生比较优势，这就意味着在全球价值链分工的过程中，那些与其他城市相比在高端生产环节生产方面具有外生比较优势的城市才可以实现转型。因而，可得以下推论：

推论 2：在全球价值链下，城市的转型离不开其他城市，其需要与其他城市形成价值链分工，在这过程中不断集聚全球价值链中的高端生产环节来实现转型，而是否能够转型的关键在于与其他城市相比，其在高端生产环节生产方面具有的外生比较优势。

上面分析了全球价值链下单个城市的发展，接着，本书分析全球价值链下城市之间的联系及其获得的益处。由结构 B 可知，经济主体在两个城市形成价值链分工的过程中，按照外生比较优势原则把各个生产环节分布在相应的城市，使各个生产环节充分利用相应城市的外生比较优势，最大限度地提高每个生产环节的生产效率，从而最大限度地提高整条价值链的生产效率；与此同时，随着城市间价值链分工的出现，两个城市中的经济主体将会用更多的劳动时间专门从事各自具有外生比较优势的生产环节，这个过程使其只需支付一个生产环节的固定学习成本，最大限度地减少两个城市在自己生产环节上付出的固定学习成本，从而最大限度地降低整条价值链的固定学习成本。由此可以发现，随着城市间形成价值链分工，每个城市最大限度地提高自己生产环节的生产效率和减少在自己生产环节上付出的固定学习成本，其最终目的是最大限度地提高整条价值链的生产效率和降低整条价值链的固定学习成本。同时，由于各个生产环节是组成统一的全球价值链的基础，所以依托各个生产环节进行价值链分工的各个城市必然也是统一的。据此，本书认为通过价值链分工融入一条统一的全球价值链的所有城市可以被看作一个城市系统，组成这个城市系统的基础就是统一的全球价值链，即它是依托统一的全球价值链而形成的。依据这个视角，可以认为每个城市对应着每个生产环节，整个城市系统对应着整条价值链。因此，随着价值链分工从城市内演进到城市间，各个城市依托统一的价值链组成了城市系统，当每个城市最大限度地提高自己生产环节的生产效率和减少在自己生产环节上付出的固定学习成本时，整条价值链的生产效率就得到最大限度的提高，整条价值链的固定学习成本也能得到最大限度的降低，这样就可以强化依托整条价值链而形成的城市系统的竞争优势，而这又反过来促进城市系统中每个城市的发展。于是可得以下推论：

推论 3：参与价值链分工的各个城市形成依托统一的全球价值链的城市系

统，城市系统中的每个城市可最大限度地提高自己生产环节的生产效率和减少在自己生产环节上付出的固定学习成本，以最大限度地提高整条价值链的生产效率和降低整条价值链的固定学习成本，从而强化整个城市系统的竞争优势，反过来促进每个城市的发展。

推论 1、推论 2 和推论 3 已经阐释了全球价值链下城市发展的一般机制，而这种机制的正常运行需要城市间形成价值链分工，因此，本书以价值链分工从城市内向城市间演进的视角来分析全球价值链下城市发展的实现条件。结构 A 是城市内价值链分工结构，而结构 B 是城市间价值链分工结构。如果一般均衡结构从结构 A 演进到结构 B，需要满足以下条件：与研发服务和最终产品在城市内交易时的交易效率的乘积相比，它们在城市间交易时的交易效率的乘积要足够高，即$\frac{\lambda^* k^*}{\lambda k} > \frac{M_c \varphi_c}{M_o {\varphi_o}^2}$，而且，与研发服务和最终产品在城市内交易时的交易效率的乘积相比，研发服务在城市间交易时的交易效率也要足够高，即$\frac{\lambda^*}{\lambda k} > \frac{M_o \eta_o \varphi_o}{M_c \eta_c}$。由此可见，要使结构 B 成为一般均衡结构，与研发服务和最终产品在城市内交易时的交易效率（为了简化说明，统称为城市内交易效率）相比，研发服务和最终产品在城市间交易时的交易效率（为了简化说明，统称为城市间交易效率）必须足够高。因此，可得以下推论：

推论 4：与城市内交易效率相比，只有城市间交易效率足够高时，城市间才会形成价值链分工。

只有城市间实现了价值链分工，依托统一的全球价值链的城市系统才会形成，城市系统中的每个城市才可以最大限度地提高自己生产环节的生产效率和减少在自己生产环节上付出的固定学习成本，最大限度地提高整条价值链的生产效率和降低整条价值链的固定学习成本，从而强化整个城市系统的竞争优势，并反过来促进整个城市系统中每个城市的发展。上述全球价值链下城市发展的一般机制可参考图 5.1。

5.4 全球价值链下城市转型的瓶颈及其化解

由模型 1 和模型 2 可知，发展中国家的代表城市从事制造环节，而发达国家的代表城市从事研发环节和营销环节。众所周知，制造环节大多属于低端环节，而研发环节和营销环节基本属于高端环节。从这一角度来看，本节探讨的城市转型主要是指发展中国家的城市如何由主要从事低端环节向主

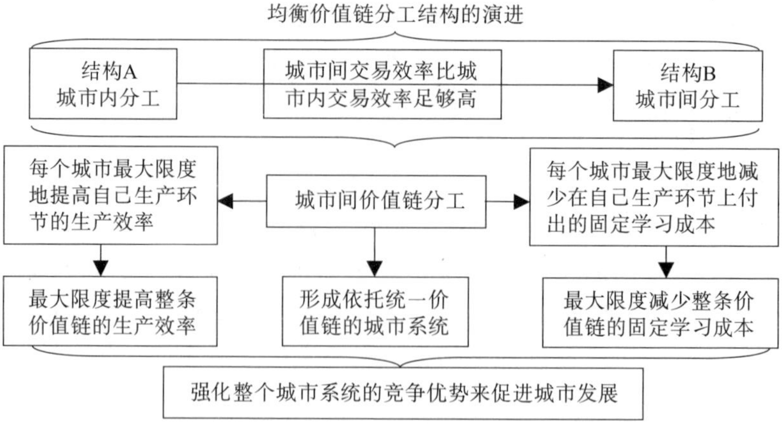

图 5.1 全球价值链下城市发展的一般机制

要从事高端环节转变。

5.4.1 全球价值链下城市转型的瓶颈

根据模型 1 和模型 2，发展中国家的代表城市在融入全球价值链的情况下，与发达国家的代表城市进行价值链分工。此时，发展中国家的代表城市专门从事制造环节，而发达国家的代表城市专门从事研发环节和营销环节。由于专业化经济的存在，这种情况会导致发展中国家的代表城市在制造环节上更具比较优势，而发达国家的代表城市在研发环节和营销环节上更具比较优势。在按照比较优势进行价值链分工的情况下，这种结果不但不会改变发展中国家的代表城市在全球价值链下的价值链分工结构，反而会进一步强化这种价值链分工结构，从而使发展中国家的代表城市被锁定于低端的制造环节。对于发展中国家的代表城市来说，这也可以看作一种“比较优势陷阱”。

5.4.2 全球价值链下城市转型的实现机制

融入全球价值链的发展中国家城市难以仅仅依托与发达国家城市形成价值链分工进行转型。本节认为，这些发展中国家城市还要与其他未融入全球价值链的发展中国家城市进行价值链分工才可能完成转型。为了厘清其中的内在逻辑，假定有三个城市 X、Y 和 Z。其中，X 和 Z 为一个发展中国家的两个城市，Y 为发达国家的一个城市。在初始阶段，尽管城市 Z 与城市 X 在制造环节上具有相同的比较优势，但它和城市 Y 之间的交易效率太低，所以它不能与城市 Y 形成价值链分工，从而被排斥在全球价值链之外。而此时，城市 X 与城市 Y 之间的交易效率足够高，它们之间形成了价值链分工。

城市 Y 在与城市 X 进行价值链分工的过程中，一方面，由于专业化经济的存在，它可以为处于全球价值链中的城市提供质量更高的品牌服务，而质量更高的品牌服务可以显著提高城市间交易效率。另一方面，随着城市 Y 与城市 X 在价值链分工中的不断发展，其中的硬环境（包括基础设施、公共服务等）和软环境（包括各种经济制度和政策等）也会随之得到改善，这也会提高它们与其他城市之间的交易效率。因此，当城市 X 融入全球价值链后，三个城市相互之间的交易效率会越来越高。由模型 1 和模型 2 的分析结果可知，只要城市间交易效率足够高，它们之间就可以形成价值链分工。从这一角度来看，城市 Z 最终也会融入全球价值链。[①]

根据命题5.4，城市 X 在融入全球价值链之后生产规模会不断扩大。这种情况会引起相关人口和产业不断在城市 X 进行集聚，从而产生了对土地的大量需求。由于城市 X 土地一定，增加的需求必然引起土地价格的上升，上升的土地价格又使人们的居住成本增大，而这一成本又会追加在劳动力成本上。因此，随着城市 X 依托全球价值链的不断发展，其中的劳动力成本会不断上升。虽然城市 X 与城市 Y 相比仍然具有劳动力成本方面的比较优势，但是它与城市 Z 相比却不再具有比较优势，并且，与城市 Z 相比，它在劳动力成本方面的比较优势会越来越逊色。而制造环节对劳动力成本的高低非常敏感，所以在城市 Z 随着其与城市 X、Y 之间交易效率的提高也最终融入全球价值链的情况下，城市 X 中的制造环节必然转移到城市 Z。

在城市 X 中的制造环节转移到城市 Z 的过程中，处于 FDI 形式的跨国公司为了进一步降低城市间交易效率，它们会在城市 Y 中设立区域性研发总部和营销总部，使城市 Z 直接与城市 Y 形成价值链分工。当然，跨国公司也可以根据自己需要（取决于企业内、外部城市间交易效率的高低）把一些高端环节外包给城市 X 中的本土企业。另外，在城市 X 和城市 Z 之间形成价值链分工的基础上，城市 X 的本土企业也可以充分利用以前在与跨国公司交易过程中的溢出效应和学习效应等，自身实现由从事低端生产环节向从事高端生产环节的升级。此时，城市 X 起着沟通城市 Y 和城市 Z 之间关系的桥梁作用。例如，城市 Y 通过城市 X 把价值链延伸到城市 Z，进而充分利用城市 Z 在劳动力成本方面的比较优势；城市 Z 通过城市 X 融入全球价值链，进而充分发挥自己在劳动力成本方面的比较优势。

---

① 另外，在一国内，随着其中一些城市从融入全球价值链中获得一定发展，其中央政府有动力也有能力提高 Z 这样的城市与 Y 和 X 这些已处于全球价值链中城市之间的交易效率，从而促进 Z 一类的城市也融入全球价值链。

在城市 X 中的制造环节不断转移到城市 Z 的同时，跨国公司在城市 X 中不断设立区域性研发总部和营销总部，本土企业通过外部或是自身升级也积极在城市 X 中从事高端生产环节。这说明城市 Z 依托城市 X 融入全球价值链可以促进城市 X 由从事低端环节向从事高端环节的转变。同理可以推出，随着城市 Z 与城市 X 的价值链分工的深化，或是更多的国内城市通过与城市 X 形成价值链分工而融入全球价值链，集聚于城市 X 的高端环节将会越来越多。这样的过程也就是城市 X 的转型。

5.5 本章小结

本章在第 4 章厘清全球价值链空间逻辑的基础上，对全球价值链下城市发展的内在机制进行了深入研究，得出的基本结论如下：

（1）在全球价值链下，如果一个城市不断提高它与处于全球价值链中城市之间的交易效率，通过与其形成价值链分工来融入全球价值链，那么这将促进该城市更快的经济发展。

（2）一个城市在全球价值链下获得经济发展的重要动力主要有以下三个：其一，在全球价值链下，各个城市按照自己的比较优势来选择自己从事的生产环节可以充分发挥自身的比较优势，并通过价值链分工来充分利用对方的比较优势；其二，在全球价值链下，城市之间的价值链分工有利于各个城市专业化水平的提高，从而利用由此产生的专业化经济，且这种专业化经济可以惠及其中的所有城市；其三，在全球价值链下，城市之间进行价值链分工有利于各个城市利用规模经济。

（3）只有城市间实现了价值链分工，依托统一的全球价值链的城市系统才会形成，城市系统中的每个城市才可最大限度地提高自己生产环节的生产效率和减少在自己生产环节上付出的固定学习成本，以最大限度地提高整条价值链的生产效率和降低整条价值链的固定学习成本，从而强化整个城市系统的竞争优势，并反过来促进整个城市系统中每个城市的发展。

（4）对于发展中国家的城市来说，它们与发达国家城市形成的价值链分工具有自我强化机制，使发展中国家城市被锁定于低端的制造环节，从而使其难以仅仅依托与发达国家城市形成价值链分工进行转型。进一步的分析发现，融入全球价值链的发展中国家城市只有与国内其他城市进行价值链分工才可能实现转型。

第6章

全球价值链下中国城市发展的实证分析

6.1 融入全球价值链与中国城市的经济增长

由命题5.1可知，如果一个城市通过价值链分工融入全球价值链，那么这将促进该城市更快的经济增长。下面将采用中国地级城市的面板数据对这一假说进行检验。

6.1.1 计量模型的设定

仿照张宇（2010）[①] 的研究，假设存在如下经济体：在生产过程中只包括资本 K 和劳动 L 两种生产要素，其中，生产函数为 Cobb - Douglas 形式，具有规模报酬不变的特征，且技术进步为中性。假定全要素生产率为 A，可以把生产函数写为：

$$Y = A^{\alpha} K^{\beta} L^{1-\beta} X \tag{6.1}$$

（6.1）式中，Y 表示总产出水平；X 表示经济中除了资本、劳动和技术之外其他影响总产出水平的因素；β 表示资本的产出弹性；$1-\beta$ 表示劳动的产出弹性；α 表示技术进步对总产出水平的贡献。由（6.1）式可知，系数 α

① 张宇．空间经济视角下的外资依赖与中国经济增长［J］．经济学（季刊），2010，9（4）：1211—1238.

实际上反映了经济体的长期增长路径。

在改革开放的过程中，中国城市很难依靠自身融入全球价值链，其中的本土企业主要采用为国外的跨国公司代工生产的方式参与全球价值链。因此，在这个过程中，跨国公司对中国城市融入全球价值链起着不可磨灭的作用。实际上，许多学者都有类似的观点，如陈耀、冯超（2008）①，汪建成、毛蕴诗、邱楠（2008）②，唐海燕、张会清（2009）③，周勤、周绍东（2009）④，马野青（2010）⑤ 等。与此同时，为了更为有效地利用中国廉价劳动力的比较优势，大量的跨国公司直接进入中国各大城市进行投资，从而掀起了中国各个城市的招商引资热。正是在这一背景下，中国一部分城市特别是东部沿海城市变成了跨国公司的"生产基地"，从而成就了"中国制造"。这说明在全球价值链下中国城市主要充当了全球研发、全球制造和全球营销中全球制造⑥的角色。从中可以看出，跨国公司的投资在一定程度上促进了中国城市融入全球价值链。基于此，本节采用各个城市的劳均实际利用外资金额来表征它们融入全球价值链的程度。

从张宇（2010）⑦ 的研究得出，外资依存度会影响经济的长期增长路径。而实际利用外资金额可以用来表征外资依存度⑧，所以我们用实际利用外资金额（这里用 fi 表示）的作用来替换技术进步的作用，从而把 fi 引入（6.1）式，使之变为：

$$Y = fi^{a_1} K^{\beta} L^{1-\beta} X \tag{6.2}$$

（6.2）式中，a_1 表示实际利用外资总额对总产出的贡献。由此，可以通过计量检验确定系数 a_1 的正负来判断融入全球价值链的程度对城市经济增长长期路径的影响：当 $a_1 > 0$ 时，意味着融入全球价值链的程度的提高可以促进经济增长长期路径的改善；反之，当 $a_1 < 0$ 时，则意味着融入全球价值链

① 陈耀，冯超．贸易成本、本地关联与产业集群迁移［J］．中国工业经济，2008（3）：76—83.

② 汪建成，毛蕴诗，邱楠．由 OEM 到 ODM 再到 OBM 的自主创新与国际化路径：格兰仕技术能力构建与企业升级案例研究［J］．管理世界，2008（6）：148—160.

③ 唐海燕，张会清．中国在新型国际分工体系中的地位：基于价值链视角的分析［J］．国际贸易问题，2009（2）：18—26.

④ 周勤，周绍东．产品内分工与产品建构陷阱：中国本土企业的困境与对策［J］．中国工业经济，2009（8）：58—67.

⑤ 马野青．产品内分工视角的中国外贸顺差及其利益分析［J］．世界经济与政治论坛，2010（1）：27—36.

⑥ 当然，这种全球制造还处于低级阶段。

⑦ 张宇．空间经济视角下的外资依赖与中国经济增长［J］．经济学（季刊），2010（4）：1211—1238.

⑧ 实际上，张宇（2010）用外商直接投资来表征外资依存度。张宇．空间经济视角下的外资依赖与中国经济增长［J］．经济学（季刊），2010（4）：1211—1238.

的程度的提高会导致经济增长长期路径的恶化。

对（6.2）式进行对数线性变换可得最终的检验式

$$\ln pgdp_{it} = \beta \ln pcap_{it} + a_1 \ln fi_{it} + \eta \ln X_{it} + c + c_i + \lambda_t + \varepsilon_{it} \qquad (6.3)$$

（6.3）式中，$pgdp = Y/L$①，表示人均产出水平；$pcap = K/L$，表示人均资本存量水平；c 表示常数项；下标 $i = 1, 2, \cdots, 184$，表示总共有 184 个城市；$t = 2001, 2002, \cdots, 2006$，表示样本期间为 2001—2006 年；$c_i$ 表示城市特定效应，用以控制不随时间变化的个体影响因素；λ_t 表示时间特定效应，是一个不随城市不同而变化的变量，它解释了所有没有被包括在回归模型中的与时间有关的效应；ε_{it}表示随机误差项。

在（6.3）式中，X_{it}表示影响人均产出水平的所有控制变量②。根据中国城市经济增长的实际情况，本节把这些控制变量确定为以下几个。①劳均财政支出，用以衡量政府政策对城市经济增长的影响。在中国，政府的某些政策具有"城市偏好（Urban Bias）"的特征（Jean，1993）③，而城市政府对经济的干预力量一直存在，且还相对较大，所以城市政府的政策对城市经济增长有一定影响。②就业密度，用来检验空间集聚对城市经济增长的影响。对于空间集聚和城市经济增长之间的关系，很多学者已经进行了实证研究，如 Au 和 Henderson（2006）④、范剑勇（2006）⑤ 以及张艳和刘亮（2007）⑥ 等。其中，范剑勇（2006）⑦ 基于 Ciccone（2002）⑧ 的模型，采用 2004 年中国城市的截面数据研究了就业密度对生产率的影响。本节也以就业密度作为空间集聚程度的代理变量。实际上，在空间集聚的指标选择问题上，Ciccone 和 Hall（1996）⑨ 认为，从更严格的集聚涵义来说，选择人口密度或就业密度来

---

① 前面加"ln"的变量表示对其取对数，其他变量都一样。

② 在控制变量的选择上，参考了李金滟关于中国城市集聚与经济增长的实证研究。李金滟．城市集聚：理论与证据［D］．武汉：华中科技大学，2008：107—116.

③ JEAN C OI. Reform and urban bias in China［J］. Journal of Development Studies, 1993, 29（4）: 129 - 148.

④ AU C C, HENDERSON J V. How migration restrictions limit agglomeration and productivity in China［J］. Journal of Development Economics, 2006, 80（2）: 350 - 388.

⑤ 范剑勇．产业集聚与地区劳动生产率差异［J］．经济研究，2006（11）：72—81.

⑥ 张艳，刘亮．经济集聚与经济增长［J］．世界经济文汇，2007（1）：48—56.

⑦ 范剑勇．产业集聚与地区劳动生产率差异［J］．经济研究，2006（11）：72—81.

⑧ CICCONE A. Agglomeration effects in Europe［J］. European Economic Review, 2002, 46（2）: 213 - 227.

⑨ CICCONE A, HALL R. Productivity and the density of economic activity［J］. American Economic Review, 1996, 86（1）: 54 - 70.

度量集聚是比较合适的。③人力资本水平。Lucas（1988）[①] 在 Arrow（1962）[②]、Uzawa（1965）[③] 以及 Romer（1986）[④] 等模型的基础上建立了一个基于人力资本（Human Capital）的内生经济增长模型。他研究了人力资本的外部性与内生经济增长之间的关系。另外，他还研究了城市在经济增长中的作用机制。根据他的研究，城市在经济增长中的作用主要体现在外部性上，具体逻辑为：城市集聚促进了劳动力在近距离的学习交往，而这种学习交往可以不断积累人力资本，进而引起经济增长。由此可知，城市集聚引起人力资本的提高可以促进城市的经济增长。

在计量检验中，仅仅各个估计系数的显著性还不足以说明计量结果是可信的，因为计量结果可能不具有稳健性。为了确保检验结果具备一定的稳健性，本书对回归模型（6.3）利用多种估计方法进行回归。为此，本节同时采用了静态面板模型和动态面板模型来估计模型（6.3），具体的估计方法除了学界经常采用的固定效应（Fixed Effeck，FE）模型之外，还包括 Driscoll - Kraay 标准差回归（Regression with Driscoll - Kraay Standard Errors，D - K）[⑤] 和系统广义矩估计（System Generalized Method of Moments，S - GMM）[⑥]。

6.1.2　指标选取及其描述性分析

本节数据全部来源于中经网统计数据库。所有数据均为各地级市下的“市辖区”的数据，因此不包括各地级市所辖县的基本情况，能够较好反映各个因素对城市经济增长的影响。本书所考察数据的样本期间是 2001—2006 年，部分城市由于数据缺失被剔除掉，最终样本包括 184 个城市。另外，本书数据的样本期间选取的原因是主要考虑到中国 2001 年加入 WTO。这样的选择更能反映市场的主导力量在融入全球价值链与中国城市经济增长关系中的作用。

---

① LUCAS R E. On the mechanics of economic development [J]. Journal of Monetary Economics, 1988, 22 (1): 3 - 42.

② ARROW K J. The economic implications of learning by doing [J]. Review of Economic Studies, 1962, 29 (3): 155 - 177.

③ UZAWA H. Optimum technical change in an aggregative model of economic growth [J]. International Economic Review, 1965, 6 (1): 18 - 31.

④ ROMER P. Increasing returns and long - run growth [J]. Journal of Political Economy, 1986, 94 (5): 1002 - 1037.

⑤ DRISCOLL J C, KRAAY A C. Consistent covariance matrix estimation with spatially dependent panel data [J]. Review of Economics and Statistics, 1998, 80 (4): 549 - 560.

⑥ 王志刚. 面板数据模型及其在经济分析中的应用 [M]. 北京：经济科学出版社，2008.

下面简要介绍本节实证分析中的各个指标：

（1）ln*pgdp*：人均 GDP 对数。本节用人均 GDP 的对数来衡量城市经济增长。人均 GDP 的单位为“元/人”。

（2）ln*fi*：劳均实际利用外资金额对数。本节用劳均实际利用外资金额对数来度量城市融入全球价值链的程度。计算指标为实际利用外资总额除以单位从业人员数，单位为“美元/人”。

（3）ln*pcap*：劳均资本对数。劳均资本为资本投入量除以就业人员，单位为“元/人”。其中，资本投入量的计算借鉴薄文广（2007）[①] 的研究，用固定资产净值与流动资产年平均余额两项指标之和来表示。

（4）ln*dens*：就业密度对数。具体计算是所在城市的单位从业人员数除以市辖区土地面积，单位为“人/平方千米”。

（5）ln*edu*：劳均人力资本对数。与范剑勇（2006）[②] 的研究类似，本节采用就业人员中每万人中含高等学校和中学的专任教师数作为人力资本的代理变量，单位为“教师数/万人”。

（6）ln*fis*：劳均财政支出对数。本节采用地方财政预算内支出除以单位从业人员数来度量劳均财政支出，单位为“元/人”。

在进行实证检验之前，首先对各个变量进行描述性分析，为进一步的计量分析提供事实证据。以上各个变量的基本统计信息见表 6.1。图 6.1 显示了变量 ln*pgdp* 和 ln*fi* 的直观关系，可以看出，ln*pgdp* 和 ln*fi* 存在正相关的趋势，即融入全球价值链程度的提高可以促进城市的经济增长。这与本节所要检验的结论是相符的。

表 6.1　　各变量的描述统计

变量	均值	标准差	最小值	最大值
pgdp	19598.41	12654.12	1226	112326
pcap	148125.6	129183.2	4764.392	1711509
edu	395.404	184.3523	61.5812	1845.455
fi	602.8222	1084.626	1.007557	13233.89
fis	11876.21	6624.829	1344.693	71103.61
dens	23.69401	26.38022	0	217.013

---

① 薄文广．外部性与产业增长［J］．中国工业经济，2007（1）：37—44.

② 范剑勇．产业集聚与地区劳动生产率差异［J］．经济研究，2006（11）：72—81.

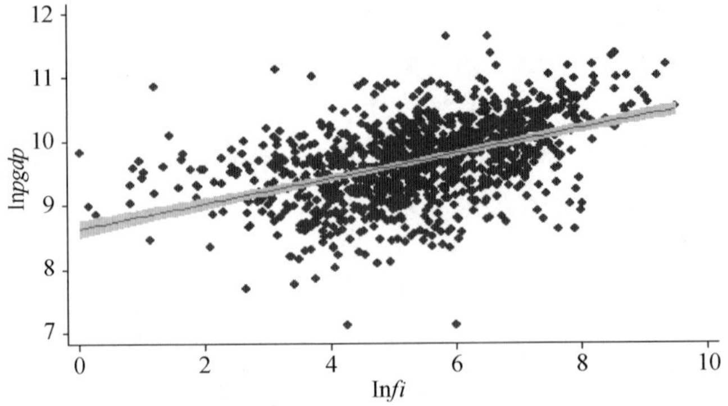

图 6.1　变量 ln*pgdp* 和 ln*fi* 的散点图

6.1.3　实证回归结果

本节将采用面板数据（Panel Data）模型对模型（6.3）进行估计。本书选取的样本为2001 年至2006 年中国184 个地级城市的面板数据。根据对截面特定效应的不同假设，面板数据模型可以被划分为固定效应模型与随机效应（Random Effect，RE）模型。为了确定哪个模型结果更为有效，本节根据Hausman 检验结果来判定。最后对回归模型（6.3）采取 D－K 和 S－GMM 估计，以便确保检验结果具备一定的稳健性。所有检验结果见表 6.2。

表 6.2　融入全球价值链下中国城市经济增长的面板数据模型检验结果

解释变量	(1)	(2)	(3)	(4)
$\ln pgdp_{i,t-1}$	—	—	—	0.617***
	—	—	—	(0.109)
$\ln fi_{it}$	0.0222***	0.0358***	0.0222***	0.0366***
	(0.00691)	(0.00692)	(0.00167)	(0.0110)
$\ln dens_{it}$	0.105***	0.138***	0.105***	0.0483***
	(0.0202)	(0.0163)	(0.0108)	(0.0167)
$\ln pcap_{it}$	0.0348*	0.138***	0.0348	0.117**
	(0.0206)	(0.0192)	(0.0423)	(0.0488)
$\ln edu_{it}$	-0.159***	-0.260***	-0.159***	-0.191***
	(0.0398)	(0.0362)	(0.0222)	(0.0542)
$\ln fis_{it}$	0.200***	0.220***	0.200***	0.0737**
	(0.0260)	(0.0256)	(0.0239)	(0.0297)

续表

解释变量	(1)	(2)	(3)	(4)
c	8.245*** (0.362)	6.828*** (0.315)	8.245*** (0.399)	2.626*** (0.708)
观察值	1103	1103	1103	920
截面单位	184	184	184	184
备注	FE	RE	D-K	S-GMM
R^2	0.7343	0.7229	0.7343	—
AR (1)	—	—	—	-2.80 [0.005]
AR (2)	—	—	—	1.40 [0.161]
Hausman test	213.75 [0.0000]		—	—
Hansen test	—	—	—	127.86 [0.093]

注：(1) ***表示在1%水平上显著，**表示在5%水平上显著，*表示在10%水平上显著；(2) 括号里的数值为标准差；(3) 中括号里的数值为对应的检验值的置信概率，代表拒绝原假设的概率。

由表 6.2 可知，模型检验取得了较好的回归效果：在四个估计方程中，变量 $\ln fi_{it}$ 的估计系数都在 1% 的显著性水平下显著，其中，前三个估计方程的可决系数都在 0.7 以上，且 AR (1)、AR (2) 和 Hansen 检验证实了 S-GMM 估计中工具变量选取的有效性。另外，四个估计方法所得到的回归系数大体相同。综合这些判断，可以认为检验结果具有一定的稳健性。因此，通过检验而得出的结论具备一定的可信性。

根据 Hausman 检验结果，本节选择固定效应模型。由于固定效应模型（检验结果见方程 (1)）存在自相关以及异方差，所以本节进一步对固定效应模型采用 D-K 估计（检验结果见方程 (3)）。检验结果显示，变量 $\ln fi_{it}$ 的估计系数在 1% 的显著性水平下显著为正。这表明融入全球价值链程度的提高确实有利于中国城市的经济增长。

6.2 全球价值链下中国城市经济增长的决定因素

由命题 5.2 可知，在全球价值链下，由于各个生产环节都根据自身所需的比较优势选择相应的城市，所以在价值链分工的带动下处于全球价值链下的城市可以充分发挥自身的比较优势，从而促进各个城市的经济发展。而根据命题 4.2 和命题 4.4，只有城市间交易效率足够高，城市之间的价值链分工才会出现。如果城市间交易效率足够高，各个城市按照比较优势形成价值链分工，此时依据命题5.3和命题5.4，就可以得出：各个城市可以充分利用价值链分工所形成的专业化经济和规模经济，从而进一步促进自身的经济发展。本节将以中国城市为例，对这些命题所得到的结论进行检验。

6.2.1 比较优势、交易效率与城市经济增长

跨国公司的全球制造、全球营销和全球研发的战略安排是世界经济一体化的发动机（刘志彪，2007）[①]。而全球制造、全球营销和全球研发构成了全球价值链的主要生产环节。实际上，正是跨国公司的全球制造、全球营销和全球研发，才使各个生产环节分布于全球各地，从而形成全球价值链。从这种角度上说，全球价值链实际上就是由跨国公司所主导。由于制造环节对劳动力成本比较敏感，所以跨国公司会把制造环节放置在拥有劳动力成本比较优势的城市，正如乔休多夫斯基（2000）[②] 所指出，跨国公司让其劳动力的费用尽可能地低于全世界的费用水平。

由表6.3可知，从1991年至2001年，中国的相对单位劳动成本呈逐年下降趋势，在进入21世纪之际，与美国、英国、德国和韩国等国家相比，中国在劳动力成本方面具有较强的比较优势。蔡昉、王德文和王美艳（2003）[③] 进一步通过计算相对显示性比较优势指数得出，中国工业的比较优势确实在于劳动密集型产业。正是基于这一比较优势，中国在融入全球价值链的过程中，只是专注于全球制造，从而实现了让“中国制造”走向世界的局面。[④] 杨丹辉（2005）[⑤] 也指出，中国仅仅在20年的时间里已迅速成长为大规模输出门类齐全工业制成品的“世界制造基地”。实际上，中国通过依靠劳动力成本的比较优势融入全球价值链的观点在学界已达成共识。于是，在全球价值链分工中，欧美地区的发达国家、日韩等东南亚国家和地区和中国大陆间形成了以下产品内分工格局：欧美地区的发达国家为新产品研发与营销服务方，日韩等东南亚国家和地区为高级零部件供应方，而中国大陆为加工和装配方

---

① 刘志彪．服务业外包与中国新经济力量的战略崛起［J］．南京大学学报（哲学·人文科学·社会科学），2007（4）：49—58.

② 乔休多夫斯基．20世纪晚期的全球化贫困［J］．宁跃，译．国外社会科学，2000（6）：45—49.

③ 蔡昉，王德文，王美艳．工业竞争力与比较优势：WTO框架下提高我国工业竞争力的方向［J］．管理世界，2003（2）：58—70.

④ 需要注意的是，“中国制造”还没有达到全球制造的地位，因为进入中国的生产环节基本上是简单加工或组装等低端环节，而真正具有竞争优势的中高端制造环节很少。

⑤ 杨丹辉．中国成为“世界工厂”的国际影响［J］．中国工业经济，2005（9）：42—49.

的全球产业链条（马野青，2010）①。

表 6.3　　1991—2001 年制造业的相对单位劳动成本（美国 = 100）

年份	美国	英国	德国	韩国	中国
1991	100	111.430	88.959	55.995	20.072
1992	100	110.570	98.107	61.846	19.571
1993	100	93.281	94.392	70.880	14.938
1994	100	94.942	94.733	84.410	14.088
1995	100	103.088	111.537	114.070	20.369
1996	100	103.181	107.046	111.638	18.583
1997	100	110.066	89.153	85.543	17.217
1998	100	111.230	83.935	62.906	18.023
1999	100	108.696	—	43.195	15.856
2000	100	99.491	—	32.368	13.922
2001	100	94.119	—	—	11.906

资料来源：郑海涛，任若恩．多边比较下的中国制造业国际竞争力研究：1980—2004［J］．经济研究，2005（12）：77—89.

在全球价值链分工中，中国作为一个整体在劳动力成本上具有较强的比较优势，以致中国几乎所有的城市在融入全球价值链的过程中都主要从事制造环节。另外，这些制造环节都属于非农产业，都集中在各个城市。基于此，为了简便，本书不再具体从城市出发，而是直接从国家层面来研究全球价值链下比较优势和交易效率与城市经济增长的关系。②

6.2.1.1　比较优势与城市经济增长

由上述分析可知，中国的确是依靠劳动力成本的比较优势融入全球价值链的。这说明中国城市在融入全球价值链的过程中，充分发挥了自身的比较优势，即中国整体的劳动力成本比较优势。

中国一些城市通过发挥劳动力成本的比较优势融入全球价值链，是否促

① 马野青．产品内分工视角的中国外贸顺差及其利益分析［J］．世界经济与政治论坛，2010（1）：27—36.

② 这样分析的合理性在于：（1）几乎所有处于全球价值链中的城市都是依靠同一比较优势融入全球价值链，说明这些城市在这方面具有同质性，可以把它们作为一个整体进行考虑；（2）所有的制造环节都集中在城市，这基本排除了农村的作用，此时融入全球价值链对国家层面的经济影响基本上可以反映出融入全球价值链对城市层面的经济影响。

进了这些城市的经济发展呢？根据金碚、李钢和陈志（2006）[①] 计算的1995—2004年10年间的中国制成品出口优势指数（见图6.2），可以发现在10年中，中国制成品相对出口优势指数一直在上升，2004年已达1.24%。而各个城市在全球价值链中主要从事制造环节，向全球市场提供各种制成品，所以图6.2表明融入全球价值链的中国城市通过劳动力成本的比较优势来发展自己，提升了自身在全球价值链中的竞争优势。实际上，国内外一些学者也支持这一结论。例如，Hobday（2001）[②] 以电子产业为例指出，虽然中国定位于全球电子产业链条的低端，但这种定位被实践证明是高效的，因为中国现在获得了进入投资、研发和市场的特别权利。这无疑会促进中国电子产业在全球价值链下的快速升级。金碚（2003）[③] 的研究得出，中国在国际市场上竞争力比较强的仍然是附加值比较低的劳动密集型产品，如纺织品、服装、玩具等，比较优势仍然是这类产业国际竞争力的决定性因素。刘林青、李文秀和张亚婷（2009）[④] 也认为，正是依靠劳动力成本的比较优势，使中国赢得了在全球价值链中制造环节的“在位优势”，而且由于达到关键多数，这种“在位优势”似乎也获得了自增强的动力机制。并且，他们进一步提出，对于这个付出巨大代价在全球价值链制造中获得的“在位优势”，人们应该非常珍惜，不要轻言“升级”。

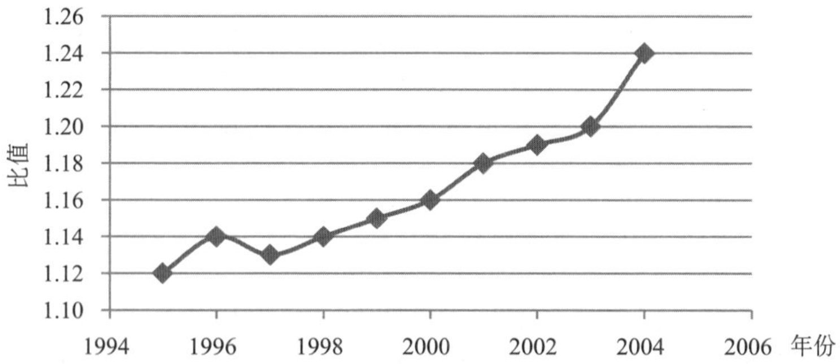

图6.2　中国制成品出口优势指数趋势图

资料来源：金碚，李钢，陈志．加入WTO以来中国制造业国际竞争力的实证分析［J］．中国工业经济，2006（10）：5—14.

① 金碚，李钢，陈志．加入WTO以来中国制造业国际竞争力的实证分析［J］．中国工业经济，2006（10）：5—14.

② HOBDAY M. The electronics industries of the Asia－pacific：exploiting international production networks for economic development［J］．Asian－Pacific Economic Literature，2001，15（1）：13－29.

③ 金碚．世界分工体系中的中国制造业［J］．中国工业经济，2003（5）：5—14.

④ 刘林青，李文秀，张亚婷．比较优势、FDI和民族产业国际竞争力：“中国制造”国际竞争力的脆弱性分析［J］．中国工业经济，2009（8）：47—57.

6.2.1.2　交易效率与城市经济增长

在全球价值链下，交易效率对城市经济增长的作用在于：只有一个城市与处于全球价值链中城市之间的交易效率足够高，它才能与其中的城市进行价值链分工，并融入全球价值链，从而获得价值链分工所带来的各种益处。由上述分析可知，中国一些城市已不断融入全球价值链，并充分发挥了劳动力成本的比较优势。这意味着，中国的这些城市与处于全球价值链中城市之间的交易效率应该是足够使中国城市融入全球价值链的。

许德友和梁琦（2010）① 将贸易成本定义为除了生产成本外，因获得该产品而发生的所有成本，包括运输成本（运费和时间成本）、政策壁垒（关税壁垒和非关税壁垒）、信息成本、合同履约成本、汇率成本、法律和管制成本、销售成本（批发和零售成本）。这与本书定义的交易成本相一致，而单位交易成本与交易效率成反向关系。因此，可以通过比较他们测度的贸易成本来反映交易效率的变化情况。他们基于 Novy（2006）② 的模型构建了一个贸易流量模型，通过使贸易流量与代理变量相关来推出两国交易的贸易成本。由于两国交易的贸易成本的大小与设定的替代弹性 ρ 有一定关系，所以他们同时测度了不同 ρ 值下 1981—2007 年中国与主要贸易伙伴双边贸易成本，从而更为准确地比较中国与主要贸易伙伴的双边贸易成本（见图 6.3）。

由图 6.3 可知，尽管不同的 ρ 值对贸易成本绝对值影响较大，但不同的取值并没有改变中国与主要贸易伙伴双边贸易成本变化的趋势。总体来看，从 1992 年开始，中国对外贸易成本总体上开始稳定地缓慢下降。在 2001 年中国加入 WTO 后，中国对外贸易成本呈现明显加速下降的趋势，这反映了加入 WTO 对中国对外开放的积极作用。由此可见，中国对外贸易的交易效率在 1992 年后得到不断提高，说明中国城市与处于全球价值链中城市之间的交易效率是不断提高的。因此可以认为，中国一些城市与处于全球价值链中城市形成价值链分工，从而使这些城市充分发挥劳动力成本的比较优势，是建立在这些城市与处于全球价值链中城市之间的交易效率不断提高的基础上的。

从中国内部各个区域的城市融入全球价值链的情况可以进一步反映城市间交易效率对一个城市融入全球价值链的决定作用。改革开放初期，在邓小平的亲自主持下，在沿海地区设立了 4 个经济特区，随后又开放了 14 个城

① 许德友，梁琦．中国对外双边贸易成本的测度与分析：1981—2007 年［J］．数量经济技术经济研究，2010（1）：119—140.

② NOVY D. Is the iceberg melting less quickly: international trade costs after world war Ⅱ［R］. Warwickshire: University of Warwick. 2006.

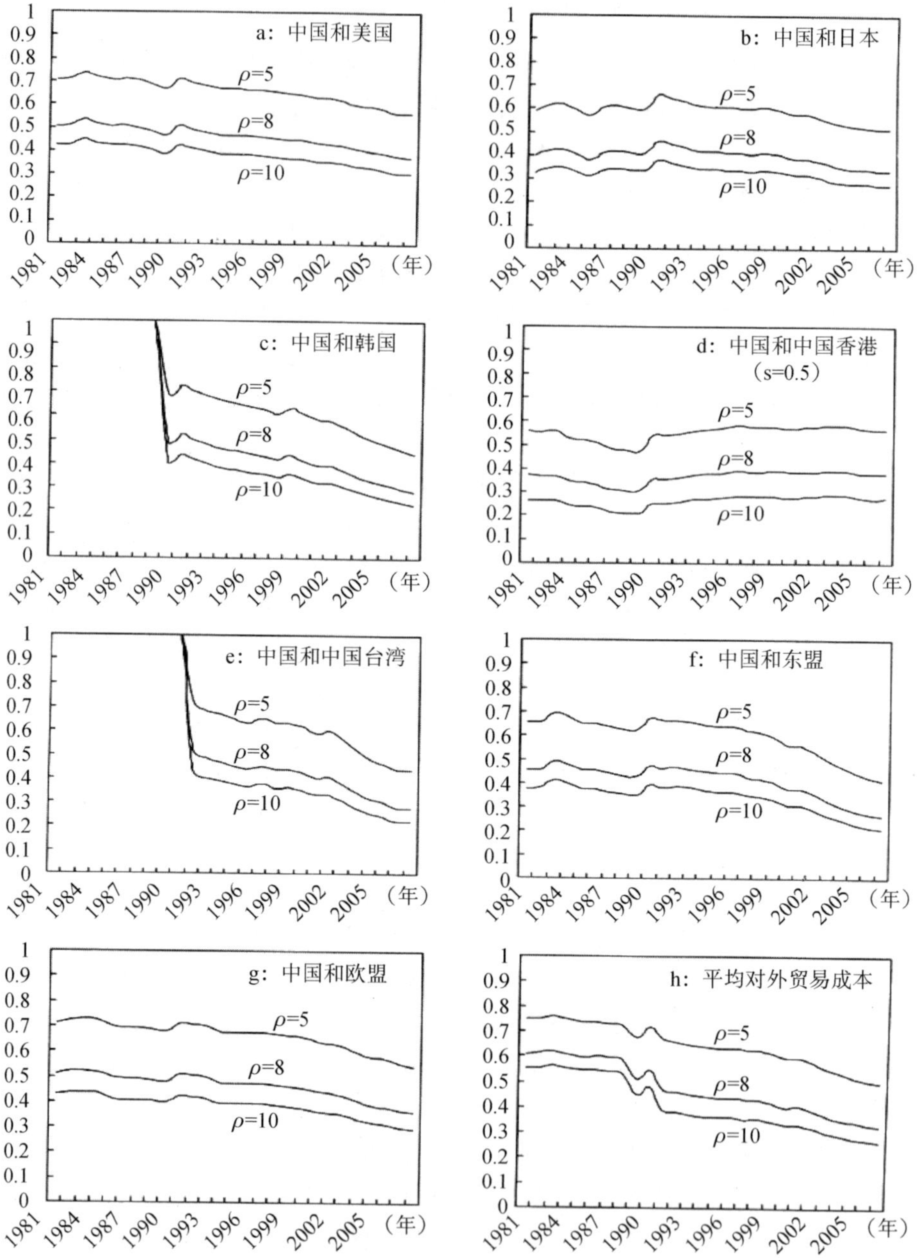

图 6.3　中国与各贸易体的贸易成本变化趋势（$\rho=5$；$\rho=8$；$\rho=10$）

资料来源：许德友，梁琦．中国对外双边贸易成本的测度与分析：1981—2007 年［J］．数量经济技术经济研究，2010（1）：119—140.

市，从而创造了与中西部地区不同的体制与政策环境（裴长洪，2009）[①]。这造成了沿海地区的城市与处于全球价值链中城市之间的交易效率至少在制度层面优于中西部城市。另外，由于沿海地区靠近海洋，而主要运输方式是海上运输，所以沿海城市在地理层面上与处于全球价值链中城市之间的交易效率也优于中西部城市。因此，我们认为，沿海城市与处于全球价值链中城市之间的交易效率高于中西部城市。据此可以得出，与中西部城市相比较，沿海地区城市更易于融入全球价值链。现实的情形也是如此。Amiti 和 Javorcik（2007）[②] 的研究表明，不完善的交通基础设施以及隐性贸易成本不利于外商企业进入中国的内陆地区。金煜、陈钊和陆铭（2006）[③] 的实证研究也发现，中国制造业的空间集聚现象越来越突出，已形成以东部沿海为中心，其他地区为外围的中心—外围结构，这种产业集群现象是同对外贸易和外商投资紧密相联的。刘志彪和张少军（2008）[④] 更是一针见血地指出，沿海地区正是凭借制度优势和独特的地理位置率先融入全球价值链，而中西部地区却被甩在全球价值链之外，只得源源不断地向沿海地区输送廉价劳动力和自然资源。这一事实在一定程度上说明城市间交易效率的确决定着城市能否融入全球价值链。

6.2.2　专业化经济、规模经济与城市经济增长

由上述分析可知，中国处于全球价值链中的城市基本都是从事制造环节，所以本节的实证检验采用工业层面的数据。由于沿海城市和内陆城市在融入全球价值链程度方面存在差别，所以本节除了对中国整体城市进行回归检验之外，也对沿海城市和内陆城市进行了分开回归的处理。这样的处理结果可以保证回归结果具有一定的稳健性。

跨国公司是经济全球化的微观主体。据统计，当今全球生产的 20%—30%、国际贸易的 60%—70% 以及对外直接投资的 90% 都是由跨国公司承担进行的，跨国公司已把它的生产经营触角伸向全球 190 多个国家和地区（谢

---

① 裴长洪．中国开放型经济建立的经验分析：对外开放 30 年的总结［J］．财经问题研究，2009（2）：3—10.

② AMITI M，JAVORCIK B S. Trade costs and location of foreign firms in China［J］. Journal of Development Economics，2008，85（1－2）：129－149.

③ 金煜，陈钊，陆铭．中国的地区工业集聚：经济地理、新经济地理与经济政策［J］．经济研究，2006（4）：79—89.

④ 刘志彪，张少军．中国地区差距及其纠偏：全球价值链和国内价值链的视角［J］．学术月刊，2008（5）：49—55.

守红，2003）[①]。随着中国的对外开放，其中的城市不断融入全球价值链，在这过程中跨国公司也不例外地发挥了主导作用。据统计，2009 年上半年中国累计批准外资企业 67 万家，全球最大的 500 家跨国公司中有 480 多家来华投资，且自 1992 年以来，中国连续 18 年成为利用外资最多的发展中国家（马野青，2010）[②]。马野青（2010）[③] 也认为，中国凭借劳动力成本的比较优势和一系列优惠政策融入全球分工体系是由跨国公司所主导的。因此，跨国公司成为分析中国对内对外经济行为和绩效的一个不可忽视的重要力量（刘林青、李文秀、张亚婷，2009）[④]。基于此，本节将利用进入中国的外商投资企业的相关数据来度量城市融入全球价值链时所形成的专业化经济和规模经济。

6.2.2.1　计量模型的设定

根据第 5 章的理论分析，本节设定以下计量模型

$$\ln pg_{it} = \alpha \ln f_{it} \times \ln sc_{it} + \beta \ln f_{it} \times \ln sp_{it} + c + \varepsilon_{it} \tag{6.4}$$

式中，c 表示常数项；i 表示城市数量；$t = 2001$，2001，…，2006，表示样本期间为 2001—2006 年；ε_{it}表示随机误差项；pg 表示城市经济增长效率；f 表示城市融入全球价值链的程度；sc 表示城市规模经济；sp 表示城市专业化经济。上述理论分析得出，随着一个城市融入全球价值链，该城市在全球价值链中的价值链分工所形成的专业化经济和规模经济会促进该城市的经济发展。如果这一论断成立，则（6.4）式中交互项的系数为正。

对于模型的估计，本书均选用固定效应模型。这主要基于以下考虑：本书的样本是整个中国的地级市，已经不具有抽样的性质，并且只在中国范围内作推断，这样的样本通常采用固定效应估计（文东伟，2009）[⑤]。此外，为了确保检验结果具备一定的稳健性，本书还给出了 Driscoll - Kraay 标准差回归结果。

6.2.2.2　指标选取及其描述性分析

本节数据全部来源于中经网统计数据库。所有数据均为各地级市下的“市辖区”的数据，因此不包括各地级市所辖县的基本情况，从而能够较好反

---

① 谢守红．经济全球化与世界城市的形成［J］．国外社会科学，2003（3）：18—21.

② 马野青．产品内分工视角的中国外贸顺差及其利益分析［J］．世界经济与政治论坛，2010（1）：27—36.

③ 马野青．产品内分工视角的中国外贸顺差及其利益分析［J］．世界经济与政治论坛，2010，（1）：27—36.

④ 刘林青，李文秀，张亚婷．比较优势、FDI 和民族产业国际竞争力：“中国制造”国际竞争力的脆弱性分析［J］．中国工业经济，2009（8）：47—57.

⑤ 文东伟．FDI、对外贸易与中国区域产业发展［M］．北京：中国经济出版社，2009.

映各个因素对城市经济增长的影响。本书数据的样本期间选取的时间段是2001—2006 年。之所以将开始年份定为 2001 年，主要是考虑到中国 2001 年加入 WTO。这样的选择更能反映市场的主导力量在融入全球价值链与中国城市经济增长关系中的作用。部分城市由于数据缺失被剔除掉。另外，由于本节所用指标都是基于工业层面的数据计算得到，所以这里也剔除掉那些第二产业产值占比低于 50% 的城市，以保证检验结果的可信度。最终本书选取了 522 个城市，其中，沿海城市为 11 个沿海省级单位（北京、上海、天津、河北、辽宁、江苏、浙江、广东、广西、福建、海南）内的城市，共 216 个，其余为内陆城市，共 306 个。下面简要介绍本节实证分析中的指标。

（1）*pg*：城市经济增长效率。由于本节的实证分析只是针对城市工业的增长效率，所以这里用限额以上工业总产值与单位从业人员数的比值来度量城市经济增长效率，其单位为“元/人”。

（2）*f*：城市融入全球价值链的程度。由于中国城市融入全球价值链主要受到外商投资企业的影响，所以该变量的计算指标为限额以上港澳台投资企业和外商投资企业的工业总产值与单位从业人员数的比值。

（3）*sc*：城市规模经济。由于只是从外商投资企业的角度来度量城市规模经济，所以本书遵循盛丹和王永进（2010）① 的做法，用限额以上工业企业年平均从业人员数与限额以上工业企业单位数的比值来衡量这一指标。

（4）*sp*：城市专业化经济。由于只是从外商投资企业的角度来度量城市专业化经济，所以本书采用限额以上工业企业年平均从业人员数与单位从业人员数的比值来测度这一指标。

在进行实证检验之前，本书首先对各个变量进行描述性分析，为进一步的计量分析提供事实证据。对于各个变量的基本统计信息，本节首先给出了所有城市的情况（见表 6.4），然后分别给出沿海城市（见表 6.5）和内陆城市（见表 6.6）的情况。

表 6.4　所有城市各变量的描述统计

变量	均值	标准差	最小值	最大值
pg	188050.5	165246.8	9472.432	1196554
f	45817.74	92013.36	242.5901	680242.3
sc	521.6338	329.6127	134.4262	2103.448
sp	0.6639089	0.4382264	0.0628507	4.173776

① 盛丹，王永进．契约执行效率能够影响 FDI 的区位分布吗［J］．经济学（季刊），2010（4）：1239—1260.

续表

变量	均值	标准差	最小值	最大值
交互项	—	—	—	—
f × sc	1.43×10^7	2.60×10^7	128174.1	2.31×10^8
f × sp	61563.65	246368.9	61.32251	2839179

表 6.5　　沿海城市各变量的描述统计

变量	均值	标准差	最小值	最大值
pg	246973.8	207358.6	27553.18	1196554
f	85208.25	129319.2	732.4561	680242.3
sc	402.2697	278.4506	149.8681	1843.902
sp	0.8317033	0.6056444	0.1298355	4.173776
交互项	—	—	—	—
f × sc	2.29×10^7	3.63×10^7	563087.3	2.31×10^8
f × sp	133407.7	371179.1	452.6652	2839179

表 6.6　　内陆城市各变量的描述统计

变量	均值	标准差	最小值	最大值
pg	146457.5	110184.6	9472.432	661403.9
f	18012.68	28270.23	242.5901	234399.5
sc	605.8908	337.2208	134.4262	2103.448
sp	0.5454657	0.1883204	0.0628507	1.277257
交互项	—	—	—	—
f × sc	8274575	1.17×10^7	128174.1	1.31×10^8
f × sp	10850.18	18124.14	61.32251	134862.9

6.2.2.3　实证回归结果

本节将采用面板数据模型对模型（6.4）进行估计。这里同时采用 FE 模型和 D－K 模型进行回归。此外，为了确保检验结果具备一定的稳健性，本节分别对所有城市、沿海城市和内陆城市的相关变量进行估计。所有检验结果见表 6.7。

表 6.7 规模经济与专业化经济对城市经济增长的回归结果

交互项	(1)	(2)	(3)	(4)	(5)	(6)
	FE	D - K	FE	D - K	FE	D - K
$\ln f\times\ln sc$	0.0187 ***	0.0187 **	0.0175 ***	0.0175 ***	0.0209 ***	0.0209 **
	(0.00483)	(0.00685)	(0.00316)	(0.00645)	(0.00282)	(0.00819)
$\ln f\times\ln sp$	0.0235 ***	0.0235 ***	0.0952 ***	0.0952 ***	0.0552 ***	0.0552 ***
	(0.00588)	(0.00554)	(0.00700)	(0.0102)	(0.00495)	(0.0105)
c	11.55 ***	—	11.80 ***	—	10.43 ***	—
	(0.301)	—	(0.206)	—	(0.167)	—
R^2	0.882	0.882	0.872	0.872	0.846	0.846
观察值	216	216	306	306	522	522
截面单位	36	36	51	51	87	87
备注	沿海城市		内陆城市		所有城市	

注：(1) ***表示在 1% 水平上显著；**表示在 5% 水平上显著；(2) 括号里的数值为标准差。

由表 6.7 可知，检验结果取得了较好的回归效果：在 6 个估计方程中，交互项 $\ln f\times\ln sc$ 和 $\ln f\times\ln sp$ 的估计系数除了个别在 5% 水平上显著之外，其他的都在 1% 的显著性水平上显著，其中，所有估计方程的可决系数都在 0.8 以上。而且，不管是用哪个模型进行估计，也不管用哪个城市样本的数据进行估计，交互项 $\ln f\times\ln sc$ 和 $\ln f\times\ln sp$ 的估计系数都大体相同。综合这些判断，可以认为检验结果具有一定的稳健性。因此，通过检验而得出的结论具备一定的可信度。

根据检验结果，交互项 $\ln f\times\ln sc$ 的估计系数基本在 1% 的显著性水平上显著（只有第 2 和第 6 个方程的估计系数在 5% 水平上显著），其估计系数值在区间（0.0175，0.0209）内浮动；交互项 $\ln f\times\ln sp$ 的估计系数都在 1% 的显著性水平上显著，其估计系数值在区间（0.0235，0.0952）内浮动。由此可见，交互项 $\ln f\times\ln sc$ 和 $\ln f\times\ln sp$ 的估计系数都显著为正，说明一个城市如果融入全球价值链，其在全球价值链中的价值链分工所形成的专业化经济和规模经济的确可以促进城市的经济发展。

6.3 全球价值链下中国城市的转型：以中国香港为例

由第 5 章的理论分析可知，发展中国家率先融入全球价值链城市的一种有效的经济转型方式是按照比较优势与国内其他城市形成价值链分工（当然，这种价值链分工的形成要求城市间交易效率提高到一定程度）。此时，该城市就可以充当一种“节点城市”，即起到沟通国内其他城市与处于全球价值链中城市之间关系的桥梁作用。随着其与国内其他城市的价值链分工不断深化，这种节点作用会不断加强。如果这种节点作用变得足够大，该城市就变成了所谓的全球城市。根据美国《外交政策》杂志2010年8月15日报道，全球管理咨询公司科尔尼公司、芝加哥全球事务委员会和《外交政策》杂志联合推出了“2010年全球城市指数”，其中，中国香港进入了2010年最全球化的10个城市之列。这说明中国香港的城市转型在国内是比较成功的。基于此，本节将以中国香港为例来检验第5章关于城市转型的基本结论。①

6.3.1 中国香港城市转型的背景描述

改革开放以后，相对中国香港来说，内地城市在劳动力成本上具有比较优势，这为香港与内地城市进行价值链分工奠定了利益基础。正是基于这一利益基础，2003年6月，香港特区政府与中央政府签署了《内地与香港关于建立更紧密经贸关系的安排》（CEPA）。CEPA是一个开放性的协议，随着香港和内地经济的不断发展和内地改革开放的继续深化，CEPA也随之不断增加和充实新的内容。截至2011年，CEPA的主要具体措施见表6.8。由表6.8可以看出，CEPA的签署可以极大限度地提高香港与内地城市之间的交易效率。

表6.8 CEPA各阶段的主要措施

阶段	货物贸易	服务贸易	贸易投资
第一阶段 2003年6月29日签署 2004年1月1日起实施	273类香港产品零关税	内地对18个领域降低准入门槛；香港居民可在广东省内设立个体户	7个领域便利化
第二阶段 2004年10月27日签署 2005年1月1日起实施	增713类香港产品零关税	扩大其中11个领域；全国各地设个体户	—
第三阶段 2005年10月18日签署 2006年1月1日起实施	增261类产品零关税。符合CEPA原产地规则的所有香港产品，均可按零关税输入内地市场	引入23项开放措施，包括10个行业	—

① 作为自由贸易港，香港在改革开放之前就已经具有“节点城市”的节点作用，因此，本节的实证研究更多地是考察香港与内地城市之间的价值链分工对香港节点作用的影响，以及城市间交易效率对香港与内地城市之间形成价值链分工的影响。

续表

阶段	货物贸易	服务贸易	贸易投资
第四阶段 2006 年 6 月 27 日签署 2007 年 1 月 1 日起实施	37 项货物确定其原产地规则	15 项具体开放措施	知识产权保护

资料来源：俞肇熊，王坤．CEPA 对香港和内地经济的影响与发展前景［J］．世界经济研究，2007（6）：80—88.

随着香港与内地城市之间交易效率的不断提高，它们之间的价值链分工也就是顺理成章的事情。Diez、Schiller 和 Meyer（2010）① 调查了 104 家香港受访企业，总结出这些企业在内地设立工厂的情况（见表 6.9）。由表 6.9 可知，这些企业中有 57 家在内地设了一个自己的生产工厂，有 12 家在内地设了一个以上自己的生产工厂，有 22 家在内地通过合作协议控制一个生产工厂，另有 22 家在内地通过合作协议控制一个以上生产工厂，说明绝大多数香港受访企业在内地城市投资办厂。这份调查在一定程度上反映出香港与内地城市之间形成了价值链分工。另外，从表 6.9 可以看出，88 间全资拥有的生产工厂中有 78 间（89%）位于珠三角地区，163 家合作性生产工厂中有 145 间（89%）设在珠三角地区，说明香港受访企业主要集中在珠三角地区投资办厂。这进一步表明城市间交易效率对城市间形成价值链分工的重要性。②

表 6.9　　香港管理的工厂在内地的情况　　单位：家

工厂类型	100% 自有工厂			合作工厂		
	1	≥2	合计	1	≥2	合计
香港受访企业数	57	12	104	22	22	104
其工厂数	57 （100%）	31 （100%）	88 （100%）	22 （100%）	141 （100%）	163 （100%）
珠三角地区	54 （95%）	24 （77%）	78 （89%）	20 （91%）	125 （89%）	145 （89%）
其他地区	3 （5%）	7 （23%）	10 （11%）	2 （9%）	16 （11%）	18 （11%）

资料来源：DIEZ J R，SCHILLER D，MEYER S．探讨香港—珠江三角洲的联系：跨界的制度多样性如何促进电子企业的竞争力［J］．南方经济，2010（5）：69—80.

① DIEZ J R，SCHILLER D，MEYER S．探讨香港—珠江三角洲的联系：跨界的制度多样性如何促进电子企业的竞争力［J］．南方经济，2010（5）：69—80.

② 香港靠近珠三角地区，对比与国内其他城市之间的交易效率，它与珠三角地区城市之间的交易效率显然更高，因此，它与珠三角地区城市更易于形成价值链分工。

由上述分析可知，香港与内地城市之间交易效率的提高的确促进了它们之间形成了价值链分工。正是这种价值链分工使中国香港成为沟通内地城市与处于全球价值链中城市的“节点”，即香港变成了“节点城市”。以珠三角地区为例，2008 年 6 月，珠三角地区引进外资中港资达到 75% 以上，与此同时，境外投资所办的各类企业、加工工业公司总部的 78% 设在香港，这种价值链分工使珠三角地区出口商品的 76% 通过香港转口到国际市场。[①] 随着这种价值链分工的不断深化，香港的节点作用不断加强，最终转型为全球城市。也有学者提出了相似的观点，如 Diez、Schiller 和 Meyer（2010）[②] 指出，香港制造商在珠三角地区进行大量跨界经济活动，使珠三角地区的经济活动嵌入全球价值链并形成了特有的香港与内陆间“前店后厂”的劳动分工模式，从而为珠三角地区的快速工业化和香港经济向先进制造业相关的商业服务转型提供了便利。

6.3.2 中国香港城市转型的计量分析

由上述分析可知，中国香港城市转型的成功在于与内陆城市形成价值链分工，充当沟通内陆城市与处于全球价值链中城市之间关系的“节点城市”，并通过不断深化这种价值链分工来加强其中的节点作用，从而向全球城市迈进。但是，在这个过程中，城市间交易效率起着决定性作用，它必须提高到一定程度才能使城市之间形成价值链分工。基于此，本节将主要通过计量研究来检验城市间交易效率对城市转型的这种决定性作用。

6.3.2.1 相关指标选取和数据来源

对于香港与内陆城市之间的交易效率，本节还是根据许德友和梁琦（2010）[③] 测度的香港与内陆的双边贸易成本进行换算得到。具体的计算如下：用 cs 表示香港与内陆的双边贸易成本，用 t 表示香港与内陆的贸易总额，则香港与内陆城市之间的交易效率为 $TE = 1 - 1000cs/t$[④]。由于城市转型的一个显著特征就是节点作用的不断加强，而节点作用在全球价值链下的表现是

① 姚士谋，李青，陈振光，张落成．上海与香港国际化大都市发展前景研究［J］．地域研究与开发，2010，29（2）：44—48.

② DIEZ J R，SCHILLER D，MEYER S．探讨香港—珠江三角洲的联系：跨界的制度多样性如何促进电子企业的竞争力［J］．南方经济，2010（5）：69—80.

③ 许德友，梁琦．中国对外双边贸易成本的测度与分析：1981－2007 年［J］．数量经济技术经济研究，2010（1）：119—140.

④ 这里进行了标准化处理。

沟通城市之间的关系，所以本节用从香港转口往内陆的货值年增长率来度量香港在内陆城市与处于全球价值链中城市之间的节点作用的强度。这里对节点作用强度也进行了标准化处理，具体的计算如下：用 tr 表示从香港转口往内陆的货值年增长率，则香港的节点作用强度为 $CN = 20 + tr$，这样处理的目的是保证 CN 为正值，以满足取对数处理。本节采用的数据为 1981—2007 年的年度数据，属于时间序列。除了香港与内陆的双边贸易成本来自许德友、梁琦（2010）[①] 的工作研究之外，其他的都来自香港特别行政区政府统计处网站[②]。

6.3.2.2　计量模型的建立

由于本节采用的数据为时间序列，所以这里通过建立向量自回归模型来研究变量之间的关系。为了消除可能存在的异方差影响，本节对时间序列 *CN* 和 *TE* 都取对数处理，分别得到 *LCN* 和 *LTE*。图 6.4 显示了 *LCN* 和 *LTE* 的时间序列趋势图。由图 6.4 可知，取对数的城市间交易效率整体上保持上升趋势，开始的上升幅度较大，随后趋缓。这说明 *LTE* 可能不是平稳序列。由于非平稳的时间序列可以通过差分来使之变成平稳序列，所以本节对 *LCN* 和 *LTE* 进行一次差分，得到 *DLCN* 和 *DLTE*。通过对 *DLCN* 和 *DLTE* 的时间序列趋势图的观察可以初步判定它们都是平稳的（见图 6.5）。

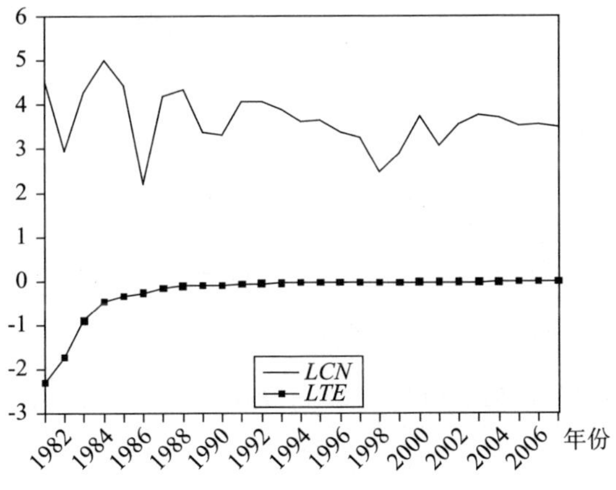

图 6.4　*LCN* 和 *LTE* 的时间序列趋势图

① 许德友，梁琦．中国对外双边贸易成本的测度与分析：1981—2007 年［J］．数量经济技术经济研究，2010（1）：119—140.

② 香港特别行政区政府统计处官网：http：//www. censtatd. gov. hk/gb/?param = b5uniS&url = http：//www. censtatd. gov. hk/showtablecust. jsp.

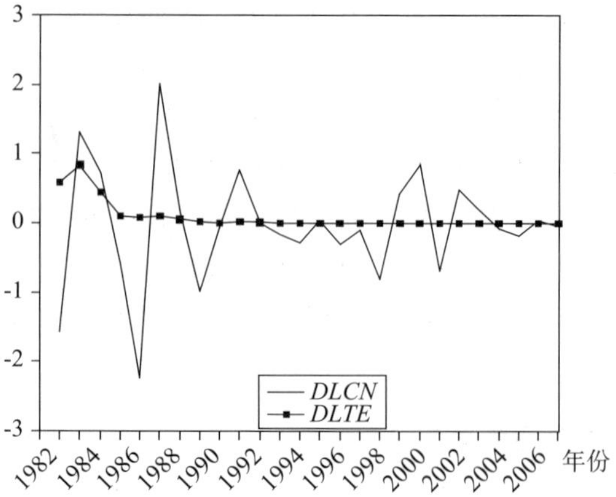

图 6.5 *DLCN* 和 *DLTE* 的时间序列趋势图

要进行多变量的 VAR 分析，首先就要检验各变量的平稳性。本节采用 ADF 检验法来检验 *LCN* 和 *LTE* 序列的平稳性。由表 6.10 可以看出，水平变量 *LCN* 和 *LTE* 都不是平稳变量，但它们的一阶差分序列都表现出一定的平稳性。接着来确定 *VAR* 模型的最佳滞后阶数 *p*。通过检验可知，VAR 系统（*LCN*，*LTE*）在 5% 的显著性水平下，LR、FPE、AIC、SC 和 HQ 全都表明最佳滞后阶数应该是 3（见表 6.11）。

表 6.10　　单位根检验结果报告

变量	*LCN*			*LTE*		
检验项目	检验形式（C，T，L）	ADF 值	*P* 值	检验形式（C，T，L）	ADF 值	*P* 值
水平检验结果	（0，0，2）	-0.572381	0.4587	（C，0，4）	-0.748066	0.8140
一阶差分检验结果	（0，0，1）	-7.872460***	0.0000	（0，0，5）	-2.072508**	0.0394

注：（1）检验形式（C，T，L）中，C、T、L 分别代表常数项、时间趋势和滞后阶数；（2）***表示 1% 显著性水平下拒绝原假设；**表示 5% 显著性水平下拒绝原假设。

表 6.11　　水平 VAR 系统（*LCN*，*LTE*）的最佳滞后阶数的取值情况

Lag	LR	FPE	AIC	SC	HQ
0	NA	0.004292	0.224661	0.322832	0.250706
1	71.47732	0.000200	-2.845688	-2.551174	-2.767553
2	11.24915	0.000156	-3.104415	-2.613559	-2.974191
3	34.27366*	2.96×10^{-5}*	-4.787179*	-4.099981*	-4.604866*

注：*表示通过相应准则选取的滞后阶数，显著性水平为 5%。LR 表示序贯修正 LR 检验统计量；FPE 表示最终预测误差；AIC 表示 Akaike 信息准则；SC 表示 Schwarz 信息准则；HQ 表示 Hannan－Quinn 信息准则。

在上述检验的前提下，本节建立了最佳滞后阶数为 3 的向量自回归模型，即 VAR（3）。表 6.12 给出了 VAR（3）的整体性检验结果。从表 6.12 可以看出，两个 VAR 方程中所估计的系数有一部分不显著，这是由于方程中有同样变量的多个滞后值导致了多重共线性，但是这两个方程的拟合效果都比较好。且由图 6.6 可知，VAR（3）的特征多项式的逆根均在单位圆内，说明模型是平稳的。

VAR 模型的检验结果显示，在 *LCN* 的滞后期中，只有 *LCN*（－2）对 *LCN* 有负的影响，且这种影响强度远远不及 *LCN*（－3）对 *LCN* 正的影响。总体上看，*LCN* 的滞后项对 *LCN* 的正效应强于负效应，表明香港作为“节点城市”，其中的节点作用具有累积效应，且这种累积效应随着时间的增长而放大。从 *LTE* 的滞后期对 *LCN* 的影响来看，*LTE*（－1）对 *LCN* 具有较大的正效应，虽然 *LTE*（－2）的效应为负，但还是不及 *LTE*（－1）的正效应，随后 *LTE*（－3）的效应又转为正。总体上看，*LTE* 的滞后项对 *LCN* 具有正效应，且初期的正效应最强，随后趋缓。因此，对于香港来说，城市间交易效率对其转型具有起点作用，即对香港变成“节点城市”有一定作用，① 当变成“节点城市”之后，香港的进一步转型（起点作用强度的不断加强）主要依靠节点作用的累积效应。

表 6.12　水平 VAR 系统（*LCN*，*LTE*）的整体性检验

被解释变量 / 解释变量	*LCN*	*LTE*	被解释变量 / 解释变量	*LCN*	*LTE*
LCN（－1）	0.074956 (0.23068) [0.32493]	－0.003211 (0.00368) [－0.87265]	*LTE*（－1）	8.038401 (5.59216) [1.43744]	0.786908 (0.08919) [8.82307]
LCN（－2）	－0.119877 (0.22327) [－0.53691]	0.000915 (0.00356) [0.25688]	*LTE*（－2）	－5.635374 (3.24397) [－1.73719]	－0.422375 (0.05174) [－8.16388]
LCN（－3）	0.257879 (0.21658) [1.19069]	－0.000405 (0.00345) [－0.11735]	*LTE*（－3）	0.547115 (1.31148) [0.41717]	0.200693 (0.02092) [9.59501]
C	2.888618 (1.40079) [2.06214]	－0.004960 (0.02234) [－0.22203]	*F* 统计量	2.568224	719.5172
R^2	0.475460	0.996078	对数似然值	－13.98779	85.33330

注：小括号中的数值为标准差，中括号中的数值为 *t* 统计量，变量后括号里的数字表示滞后期。

① 此时的节点作用比较小。

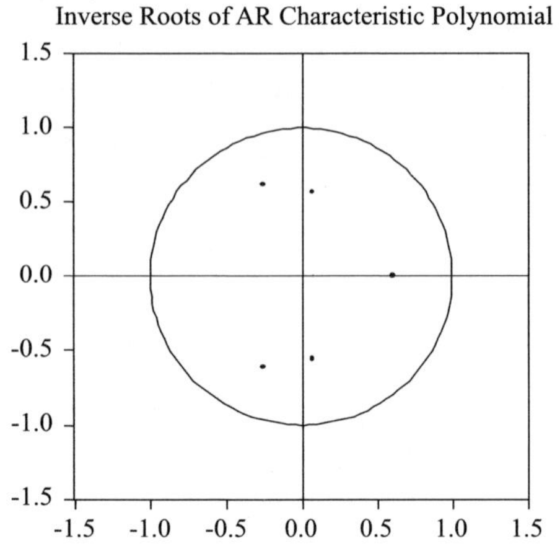

图 6.6　水平 VAR 系统（*LCN*，*LTE*）特征方程根的倒数值的位置图

6.3.2.3　脉冲响应函数和方差分解

对 VAR 单个参数估计值的解释是非常困难的，为了分析城市间交易效率对香港城市转型的具体作用，需要借助 VAR 系统的脉冲响应和方差分解。

脉冲响应函数刻画的是在随机扰动项上施加一个单位标准差大小的新息冲击对系统内生变量的当前值和滞后值的影响。图 6.7 显示了 VAR 模型模拟的脉冲响应函数曲线，横轴代表滞后阶数，列示出 5 年。图 6.7 的纵轴代表 LCN 对各解释变量单位新息冲击的响应程度。由图 6.7 可知，*LCN* 对自身信息的一个标准差扰动的脉冲响应在第 1 期为最大（约为 0.5），随后逐渐减小，在第 3 期变为负值（也为最小值，约为 -0.1），但随后又迅速增大，在第 4 期又恢复为正值后趋于平稳。从 *LCN* 对 *LTE* 信息的一个标准差扰动的整个脉冲响应来看，第 1 期为 0，但随后逐渐增大，在第 2 期达到最大值（约为 0.1），接着在第 3 期逐渐减小至 0 后趋于平稳。这说明长期来看，香港的城市转型主要受到自身节点作用的影响，城市间交易效率对其影响较小，且具有短时性。

方差分解是分析每一个结构冲击对内生变量变化的贡献度，从而进一步评价不同结构冲击的重要性。它提供了一种方法，即给定一个不同时期的解释变量的波动，能够对 VAR 中其他变量对应时期对方差的贡献进行分解。由于方差分解对变量的顺序比较敏感，所以分别变换 *LCN* 对 *LTE* 的顺序，利用上述的 VAR 模型对 *LCN* 进行方差分解，其分解结果如表 6.13 所示，表中给出了长达 5 期的数据。在表 6.13 的方差分解列中，每列分别表示各因变量的方程信息对各期预测误差的贡献度，且每行的贡献度相加是 100。

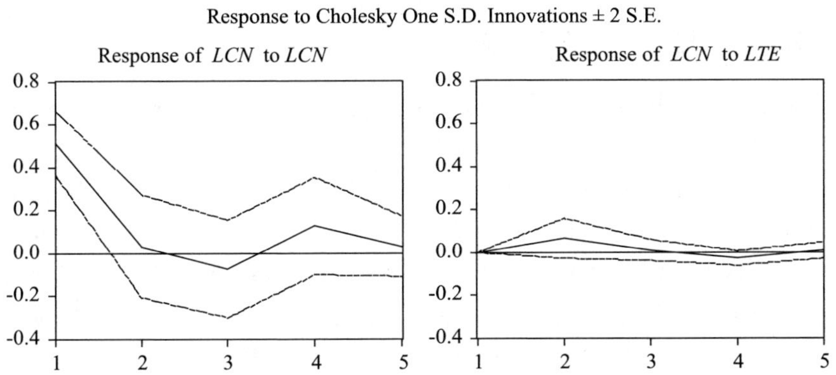

图 6.7　*LCN* 受自身（左边）及 *LTE*（右边）波动的脉冲响应

表 6.13　*LCN* 的方差分解结果　单位:%

时期	分解顺序：先 *LCN* 后 *LTE*		分解顺序：先 *LTE* 后 *LCN*	
	LCN	*LTE*	*LCN*	*LTE*
1	100.0000 (0.00000)	0.000000 (0.00000)	99.16484 (6.49270)	0.835156 (6.49270)
2	98.40258 (2.41239)	1.597422 (2.41239)	97.73813 (7.26817)	2.261873 (7.26817)
3	98.39366 (2.49071)	1.606343 (2.49071)	97.67555 (7.44320)	2.324449 (7.44320)
4	98.22545 (2.44101)	1.774545 (2.44101)	97.28694 (7.48865)	2.713061 (7.48865)
5	98.20032 (2.55053)	1.799679 (2.55053)	97.28158 (7.51341)	2.718419 (7.51341)

注：括号里的数值为标准差。

从表 6.13 可以看出，在先 *LCN* 后 *LTE* 的顺序进行方差分解的情况下，在 *LCN* 走势的波动中（预测方差），第一期仅表现为自身的变动，随后 *LCN* 的贡献度一直维持在 98% 以上；在先 *LTE* 后 *LCN* 的顺序进行方差分解的情况下，在 *LCN* 走势的波动中（预测方差），*LCN* 的贡献度在第一期高达 99% 以上，随后一直维持在 97% 以上。不管是按照先 *LCN* 后 *LTE* 的顺序，还是按照先 *LTE* 后 *LCN* 的顺序进行方差分解，在 *LCN* 走势的波动中（预测方差），*LTE* 的贡献度都不足 3%。因此，用两种顺序进行的方差分解结果都表明，自身节点作用对香港的城市转型的贡献度较大，而城市间交易效率对其贡献度较小。

6.3.2.4　格兰杰因果关系检验

为了使格兰杰因果关系检验的结果具有一定可信度，本节在检验之前确认时间序列的平稳性。由 ADF 检验已知 *LCN* 和 *LTE* 都是一阶非平稳序列，即 I（1）序列，而格兰杰因果关系检验对序列的平稳性非常敏感，所以本节采用它们的一阶差分序列 *DLCN* 和 *DLTE* 进行检验。另外，由于格兰杰因果关系检验的检验结果与滞后阶数的选择有较大关系，所以选择合适的滞后阶数对检验结果的可信度非常重要。本节在选择滞后阶数时以向量自回归模型的最佳滞后阶数为依据，最终确定滞后阶数为 3。检验结果如表 6.14，结果显示在 5% 的显著性水平下拒绝“*DLTE* 不是 *DLCN* 的格兰杰原因”的原假设，说明城市间交易效率是促进香港城市转型的格兰杰原因。

表 6.14　*DLCN* 和 *DLTE* 的格兰杰因果关系检验结果（滞后阶数为 3）

原假设	样本数	*F* 统计量	*P* 值
DLTE 不是 *DLCN* 的格兰杰原因	23	4.99226	0.0124**
DLCN 不是 *DLTE* 的格兰杰原因		1.90042	0.1703

注：**表示在 5% 显著性水平下拒绝原假设。

上述检验结果总结如下：香港与内陆城市之间交易效率的提高是促进香港城市转型的原因，然而，与香港自身的节点作用相比，城市间交易效率的作用相对较小，且具有短时性；香港的城市转型更多地是依靠节点作用的累积效应。这一检验结果的一个可能解释是，城市间交易效率的作用主要表现在促进香港与内陆城市进行初始的价值链分工，一旦这种价值链分工引起香港自身的节点作用，这种节点作用就可以通过累积效应来加速香港的城市转型。

6.4 本章小结

根据第 5 章对全球价值链下城市发展内在机制的研究，本章对中国城市在全球价值链下的发展进行了实证分析。具体来看，本章研究结果可以总结为以下几个方面：

（1）考虑到中国 2001 年加入 WTO，本章把研究数据的样本期间选定为 2001—2006 年。以此数据进行的计量分析发现，融入全球价值链程度的提高确实有利于中国城市的经济发展。

（2）进一步对中国城市在全球价值链下发展的研究发现，促进中国城市在全球价值链下发展的主要因素也确实包括比较优势的发挥，以及通过价值链分工所形成的专业化经济和规模经济。同时也发现，中国城市参与全球价值链中的价值链分工是建立在它们与处于全球价值链中城市之间的交易效率不断提高的基础上的。

（3）以中国香港为例对全球价值链下的城市转型进行分析，发现香港与内陆城市之间的交易效率的提高是促进香港城市转型的原因，然而，与香港自身的节点作用相比，城市间交易效率的作用相对较小，且具有短时性，香港的城市转型更多地是依靠节点作用的累积效应，也就是说，城市间交易效率的作用主要表现在促进香港与内陆城市进行初始的价值链分工，一旦这种价值链分工引起香港自身的节点作用，这种节点作用就可以通过累积效应来加速香港的城市转型。

第7章

分享经济与全球价值链下中小城市发展[①]

现实世界中存在这样一种非常普遍的空间现象：靠近大城市的小城市更易于发展。例如，2017年7月13日，由赛迪顾问股份有限公司和新华社瞭望周刊社主办的“2017中国百强县创新发展论坛”发布的“赛迪百强榜——县域经济100强（2017）”显示，昆山市在100强县中排名第一，而昆山市这个小城市就靠近上海这个大城市。关于这种空间经济现象，区域经济学主要从扩散效应或辐射作用的视角进行解释。但不管是哪一种解释都没有厘清这种空间经济现象内在机制的微观基础。就国内文献来看，更多的文献仅仅局限于对扩散效应或辐射作用进行实证研究。[②] 为此，本章将重点分析大城市为什么能够让靠近自己的小城市发展起来。这里一个让大家易于想到的原因是小城市分享大城市的发展。问题是这种分享是如何产生的？其微观基础是什么？本章将试图在一个统一的理论框架下对这些问题进行解析。

如果一个城市自给自足，那么其与其他城市难以形成某种关系，更谈不上分享其他城市的发展。因此，靠近大城市的小城市能够分享大城市的发展必须与大城市进行分工，从而分享其带来的益处。其中，一个重要益处显然

---

① 本章节相关内容可参见张松林、郑好青和周鸿勇的《专业化分工视角下城市间分享经济：定义、形成机制与政策含义》。张松林，郑好青，周鸿勇．专业化分工视角下城市间分享经济：定义、形成机制与政策含义［J］．北京理工大学学报（社会科学版），2019（4）：120—126.

② 柯善咨．扩散与回流：城市在中部崛起中的主导作用［J］．管理世界，2009（1）：61—71；许治，焦秀焕，朱桂龙．国家中心城市技术扩散与区域经济增长：以北京、上海为例［J］．科研管理，2013，（4）：16—23；李凯，刘涛，曹广忠．城市群空间集聚和扩散的特征与机制：以长三角城市群、武汉城市群和成渝城市群为例［J］．城市规划，2016（2）：18—26.

是分享大城市的专业化经济，正如萨森（2011）① 所说，由于全球网络化的功能分工，大城市的专业化经济对其他城市愈发重要。依据这一思路，同时聚焦城市中微观经济主体的经济行为，本书将城市间分享经济定义为城市中个人分享其他城市中个人的专业化经济。

为了聚焦本章的研究重点，本章提到的分工特指价值链分工。由于新兴古典经济学构建了许多有关价值链分工方面的模型，所以，本章将借鉴其相关基础模型构建两个城市的分工模型来解析城市间分享经济的微观机制，并在此基础上演绎出城市发展的相关政策含义。

7.1 分享经济：定义及其产生的描述性阐释

已知城市间分享经济的定义是城市中个人分享其他城市中个人的专业化经济。这意味着城市间分享经济的产生需要城市间形成某种形式的分工。例如，对于某种产品 A，如果两个城市（分别为甲城市与乙城市）中的个人都自给自足，那么这两个城市中的个人都无法分享对方城市中个人在生产产品 A 过程中所产生的专业化经济，从而城市间分享经济也就无法谈起。假设产品 A 存在两个生产环节 x（属于上游环节）和 y（属于下游环节），甲城市中个人专门从事生产环节 x，乙城市中个人专门从事生产环节 y，从而进行分工。此时，两个城市中个人不仅在各自从事的生产环节上获得专业化经济，而且在不同生产环节上获得的专业化经济会通过城市分工网络转化为分工经济。②

在这种城市分工网络中，两个城市中个人必然能够分享对方城市中个人在生产产品 A 过程中所产生的专业化经济。为了解释这一点，进一步假定甲城市中个人把生产出来的上游环节 x 卖给乙城市中个人，乙城市中个人买过来并在生产下游环节 y 的基础上加工成产品 A，加工完成的产品 A 一部分由乙城市中个人自给外，全部被卖给甲城市中个人（这里两个城市的买卖关系体现在对上游环节 x 与产品 A 的市场交换上）。Yang 和 Ng（1995）③ 将两个城市中个人这种分工协作关系称为投入产出联系（The Input - output Relationship）。通过这种投入产出联系的分工网络，甲城市中个人分享了乙城市中个

① 萨森．新型空间形式：巨型区域和全球城市［J］．国际城市规划，2011（2）：34—43.

② 杨小凯（2003）对分工经济进行了系统研究。杨小凯．经济学：新兴古典与新古典框架［M］．北京：社会科学文献出版社，2003.

③ YANG X K, NG Y - K. Theory of the firm and structure of residual rights［J］. Journal of Economic Behavior & Organization, 1995, 26（1）: 107 - 128.

人在生产下游环节 y 时所产生的专业化经济，乙城市中个人分享了甲城市中个人在生产上游环节 x 时所产生的专业化经济。

由上述分析可知，城市间分享经济的产生必须要求两个城市进行分工。由新兴古典经济学可知，两个城市是否进行分工关键在于分工的成本（体现为交易成本）和收益（体现为分工经济）。如果分工的收益比分工的成本足够大，那么城市间分工就会出现。由于作为分工收益的分工经济在特定的分工结构下已内生决定，所以促进城市间分工的一个重要方面是减小城市间交易成本系数。因此，城市间分享经济产生的内在机制如图 7.1 所示。

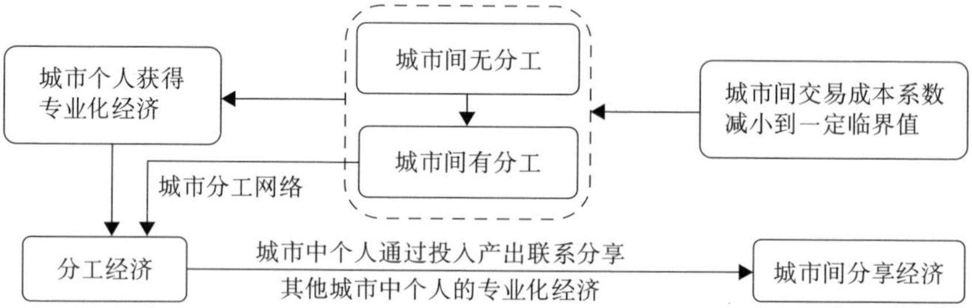

图 7.1 城市间分享经济产生的内在机制

7.2 城市间分享经济决定的微观模型框架

模型设定借鉴 Yang 和 Ng（1995）[①] 的研究，考虑一个拥有两个城市（分别为 A 和 B，前者为大城市，后者为小城市）的经济体，在这个经济体中包含一种最终产品 y 与一种中间产品 x。参考杨小凯（2003）[②] 的做法，为了简化又不失一般性，假定每个城市只有一个人，且每个人只能在自己所在的城市进行生产。每人的自给量分别记为 y 与 x，每人在市场上的供给量分别记为 y^s 与 x^s，每人在市场上的需求量分别记为 y^d 与 x^d。为了生产最终产品，必须投入中间产品。对于最终产品，城市 i（$i=A$，B）中个人的生产函数为：

$$y + y^s = \{[x + (1-t)x^d]L_y\}^{a_i} \tag{7.1}$$

① YANG X K, NG Y-K. Theory of the Firm and Structure of Residual Rights [J]. Journal of Economic Behavior & Organization, 1995, 26 (1): 107-128.

② 杨小凯. 经济学：新兴古典与新古典框架 [M]. 北京：社会科学文献出版社，2003.

(7.1) 式中，$a_i<1$①，表示生产最终产品的专业化经济程度。这里只有 $a_i>0.5$ 时，生产函数才呈现专业化经济；t ($t\in(0,1)$) 表示中间产品的城市间交易成本系数，因此，$(1-t)x^d$ 表示经济主体在产品市场中购买中间产品数量为 x^d 时而获得的最终数量；L_y 表示在生产最终产品时投入的劳动力份额；$y+y^s$ 表示最终产品的产出水平。经济主体在生产某种产品时投入的劳动力份额可用来衡量其生产此种产品的专业化程度，具体为，生产此种产品的专业化程度随着投入该产品的劳动力份额的增加而提高。对于中间产品，城市 i 中个人的生产函数为：

$$x+x^s=L_x^{\ b_i} \tag{7.2}$$

(7.2) 式中，$x+x^s$ 表示中间产品的产出水平；L_x 表示经济主体在生产中间产品时的专业化程度；b 表示生产中间产品的专业化经济程度，只有 $b_i>1$ 时，生产函数才呈现专业化经济。

需要指出的是，由于人类行为存在熟能生巧的特征，所以现实中所有的人类生产活动都具有专业化经济。② 因此，本书进一步假定，虽然城市 B 中个人在生产两种产品时都不具有专业化经济，但其专业化经济程度系数的数值应无限接近于能使其具有专业化经济时所要求的最小值。已知城市 B 中个人在生产最终产品和中间产品时如果具有专业化经济，则分别要求其对应的专业化经济程度系数 $a_B>\frac{1}{2}$，$b_B>1$，所以本书假定 $a_B=\frac{1}{2}$，$b_B=1$。

为了便于阐述城市间分享经济的形成机制，假定城市 B 中个人在生产两种产品时都不具有专业化经济，而城市 A 中个人在生产两种产品时都具有专业化经济。杨小凯 (2003)③ 提出，分工经济来源于专业化经济。因此，两个城市进行分工所形成的分工经济就仅仅来源于城市 A 中个人带来的专业化经济。根据城市间分享经济的定义，模型中城市 B 中个人获得的分工经济就是城市间分享经济。④ 进一步假定城市 A 中个人在生产最终产品上具有更强的专业化经济。因此，如果两个城市中个人进行分工，城市 A 中个人在生产最终产品时具有比较优势。假设城市 i 中个人的劳动禀赋约束都为 1。像中间产

---

① 当 $a_i\geqslant 1$ 时，均衡不存在. YANG X K, NG Y－K. Theory of the Firm and Structure of Residual Rights [J]. Journal of Economic Behavior & Organization, 1995, 26 (1): 107－128.

② 实际上，杨小凯 (2003) 已经提出了专业化的"熟能生巧经济"，并构建了关于熟能生巧的新兴古典模型。杨小凯 . 经济学：新兴古典与新古典框架 [M] . 北京：社会科学文献出版社，2003.

③ 杨小凯 . 经济学：新兴古典与新古典框架 [M]. 北京：社会科学文献出版社，2003.

④ 由于城市 B 中个人在生产两种产品时都不具有专业化经济，所以城市 A 中个人无法分享城市 B 中个人在生产产品时所形成的专业化经济。因此，模型中城市间分享经济仅仅是针对城市 B 中个人来说的，即城市 B 中个人分享城市 A 中个人在生产产品时所形成的专业化经济。

品一样，设最终产品的城市间交易成本系数为 k（$k \in (0, 1)$），因此，$(1-k)y^d$ 就是经济主体在购买最终产品数量为 y^d 时而获得的最终数量。经济主体最终消费的最终产品的总量为 $y+(1-k)y^d$。为了简便又不失一般性，令 $t=k=K$（K 为城市间交易成本系数），假设经济主体的效用函数为：

$$U = y + (1-K)y^d \tag{7.3}$$

7.3 城市间分享经济决定的微观机制分析

经济主体可以选择的生产模式有：①xy，表示自给自足所有产品；②x/y，表示生产并出售中间产品，同时在产品市场上购买最终产品；③y/x，表示生产并出售最终产品，同时在产品市场上购买中间产品。

根据杨小凯（2003）① 的研究得到如下引理：一个人最多卖一种产品，不买和自给同种产品。如果其卖消费品，则其同时自给该消费品。

杨小凯（2003）② 的研究表明，由于个人出售其具有比较劣势的产品的分工结构不是一个一般均衡结构，所以结合该引理可知经济主体的各种选择能够形成两种分工结构：①结构 1，该结构中两个城市的经济主体都自给自足（经济主体都选择生产模式 xy）；②结构 2，该结构由中间产品和最终产品两个市场组成，城市 A 中的经济主体选择生产模式 y/x，城市 B 中的经济主体选择生产模式 x/y。

1. 结构 1

在该结构中，两个城市中的个人都自给自足中间产品和最终产品，因此有 $x^s=y^s=x^d=y^d=0$。根据以上设定可得到城市 A 中经济主体的效用表达式为：

$$\max_{L_x} U_{1A} = y = x^{a_A} L_y^{a_A} = L_x^{a_A b_A} (1-L_x)^{a_A} \tag{7.4}$$

解这个最优化可得经济主体的均衡效用为：

$$U_{1A} = [b_A{}^{b_A}/(1+b_A)^{1+b_A}]^{a_A} \tag{7.5}$$

同样可求得城市 B 中经济主体的均衡效用为：

$$U_{1B} = [b_B{}^{b_B}/(1+b_B)^{1+b_B}]^{a_B} \tag{7.6}$$

2. 结构 2

在该结构中，城市 A 中经济主体选择生产模式 y/x，城市 B 中的经济主体选择生产模式 x/y。根据以上设定可知，对于选择生产模式 x/y 的经济主体来

① 杨小凯．经济学：新兴古典与新古典框架［M］．北京：社会科学文献出版社，2003.

② 杨小凯．经济学：新兴古典与新古典框架［M］．北京：社会科学文献出版社，2003.

说有

$$\begin{cases} py^d = x^s \text{（预算约束）} \\ x^s = L_x^{b_B},\ L_x = 1 \text{（生产函数和禀赋约束）} \\ U_{2B} = y^d\ (1-K) = L_x^{b_B}(1-K)/p = (1-K)/p \text{（间接效用函数）} \end{cases} \tag{7.7}$$

（7.7）式中，p 表示根据中间产品确定的最终产品价格。

同样，根据以上设定可得选择生产模式 y/x 的经济主体决策为：

$$\begin{cases} \max\limits_{x^d} U_{2A} = [(1-K)x^d]^{a_A} - x^d/p \\ \text{s. t.}\ \ y + y^s = [(1-K)L_y]^{a_A},\ L_y = 1 \\ py^s = x^d \end{cases} \tag{7.8}$$

解这个最优化可得

$$x^d = [a_A p\ (1-K)^{a_A}]^{1/(1-a_A)},\ y^s = x^d/p,$$
$$U_{2A} = y = (1-a_A)[a_A p\ (1-K)]^{a_A/(1-a_A)} \tag{7.9}$$

已知两个城市都只有一个人，所以根据市场出清条件可得

$$\begin{cases} y^s = y^d \\ x^s = x^d \end{cases} \tag{7.10}$$

把以上所求的对应最优解代入市场出清条件可求得

$$p = \frac{1}{a_A\ (1-K)^{a_A}} \tag{7.11}$$

把（7.11）式代入经济主体的均衡效用可得

$$U_{2A} = (1-a_A)(1-K)^{a_A},\ U_{2B} = a_A\ (1-K)^{a_A+1} \tag{7.12}$$

已知结构 1 中两个城市的经济主体都自给自足，说明结构 1 中不存在城市间的分享经济。结构 2 中两个城市的经济主体相互之间形成分工，所以结构 2 可能存在城市间的分享经济。因此，接下来重点考察结构 2 的具体情形。已知模型中只存在一种消费品。在这种情况下，杨小凯（2003）① 指出，分工经济可由结构 2 与结构 1 之间在交易成本为零时的人均消费之差来测度。由效用函数可知，人均消费就是个人效用水平，因此，均衡人均消费就等于个人均衡效用。已知城市 B 中个人获得的分工经济就是城市间分享经济，所以，通过计算城市 B 中个人获得的分工经济来得到城市间分享经济的具体表达式为：

$$S = a_A - \left[\frac{b_B{}^{b_B}}{(1+b_B)^{1+b_B}}\right]^{a_B} \tag{7.13}$$

① 杨小凯. 经济学：新兴古典与新古典框架［M］. 北京：社会科学文献出版社，2003.

已知城市 A 中个人在生产最终产品时具有专业化经济，而 $a_i<1$，所以 $\frac{1}{2}<a_A<1$，又 $a_B=\frac{1}{2}$，$b_B=1$，因此，通过 MATLAB 软件进行数值模拟可得城市间分享经济的模拟图（见图 7.2）。由图 7.2 可知，城市 B 中个人获得的城市间分享经济随着城市 A 中个人在生产最终产品时的专业化经济程度的提高而增加。需要特别指出的是，如果城市 A 中个人在生产最终产品时不具有专业化经济，例如 $a_A=\frac{1}{2}$，那么城市 B 中个人获得的城市间分享经济就为 0。由此可见，城市 B 中个人获得的城市间分享经济来源于城市 A 中个人在生产最终产品时的专业化经济。因此可得

结论 1：城市间分享经济来源于对方城市中个人在生产产品时的专业化经济，且随着专业化经济程度的提高而增加。

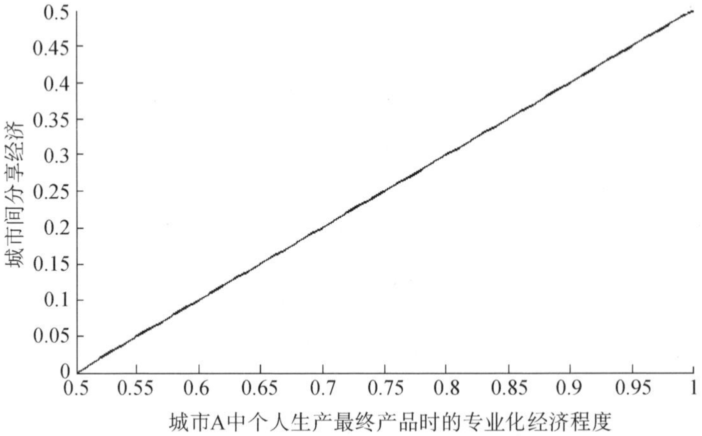

图 7.2 城市间分享经济模拟图

结构 1 中两个城市的经济主体都自给自足，无法产生城市间分享经济，而结构 2 中两个城市的经济主体进行分工，并引起城市间分享经济的出现。这说明城市间分享经济的出现需要城市间形成分工。然而，结构 2 成为一般均衡结构要求每个经济主体获得的均衡效用都大于结构 1。因此有

$$\begin{cases} U_{1A}<U_{2A} \\ U_{1B}<U_{2B} \end{cases} \tag{7.14}$$

把以上对应均衡解代入该不等式可得如表 7.1 所示的一般均衡结构。其中，$K'=\max\{K_1,\ K_2\}$，$K''=\min\{K_1,\ K_2\}$，$K_1=1-(1-a_A)^{-a_A^{-1}}b_A^{b_A}(1+b_A)^{-1-b_A}$，$K_2=1-(2a_A)^{-(a_A+1)^{-1}}$。

表 7.1　一般均衡结构

K 的取值范围	$K' < K < 1$	$0 < K < K''$
一般均衡结构	结构 1	结构 2

由表 7.1 可知，当 $0 < K < K''$时，结构 2 才会成为一般均衡结构。这说明结构 2 成为一般均衡结构必须要求城市间交易成本系数 K 足够小。因此可得

结论 2：城市间分享经济的产生需要城市间进行分工，而城市间分工的形成必须要求城市间交易成本系数减小到一定的临界值。

由上述分析可知，城市 B 中个人获得城市间分享经济，而城市间分享经济的产生需要城市间进行分工。对于城市 B 中个人来说，其与城市 A 中个人进行分工的条件是其在结构 2 中获得的均衡效用大于结构 1，即 $U_{1B} < U_{2B}$，也就是 $0 < K < K_2 = 1 - (2a_A)^{-(a_A+1)^{-1}}$。根据 K_2 的表达式求得 $\frac{\partial K_2}{\partial a_A} = 2 - \frac{2a_A \ln(2a_A)}{a_A + 1}$。已知$\frac{1}{2} < a_A < 1$，因此可求得$\frac{\partial K_2}{\partial a_A} > 0$。这说明 K_2 值随着 a_A 值增大而增大。随着 K_2 值的增大，城市 B 中个人进行城市间分工所要求的城市间交易成本系数减小幅度就更小。而 a_A 值的增大意味着城市 B 中个人获得更多的城市间分享经济，因而可得

结论 3：城市间分享经济的增加可使城市间分工所要求的城市间交易成本系数减小幅度更小。

7.4 对中国城市发展的现实观察

根据上述研究，只要城市中个人在生产过程中具有专业化经济，如果城市间进行分工，那么城市中个人就能获得对方城市的分享经济。由于人类行为存在熟能生巧的特征，所以城市中任何人在生产过程中都具有专业化经济。因此，城市间进行分工必然带来城市间分享经济。由此来看，城市间关系应该更多地体现为分工合作的关系。实际上，Sassen（2009）① 通过对全球城市体系的分析也指出，城市间的竞争比人们通常所认为的要少，城市间关系更

① 萨森．城市的专业化差异在今天的全球经济中至关紧要［J］．国际城市规划，2011，26（2）：27—33.

多地体现为全球或区域范围内的专业化分工。Lever（2010）[①] 也提出，相对较小的城市通过与邻近城市合作可能更易于成功，其进一步以费城和匹兹堡的分工合作为例得出，费城以服务、制度和旅游为主，而匹兹堡以钢铁和重工业为主导，它们之间的这种分工合作现在正经历着“城市复兴”。

然而，反观中国当下的城市发展，张鸿雁（2011）[②] 提出，全中国的城市发展路径过于一致，城市间未形成完整的城市价值链分工体系，城市间的恶性竞争严重。赵曦和司林杰（2013）[③] 利用北京等 8 个城市的面板数据研究得出，中国城市群内部出现了“积极竞争，消极合作”的行为模式，并指出导致这一结果的原因是“唯 GDP 论”的官员考核体制。实际上，造成中国城市竞争激烈的另一个不可忽视的原因是中国城市发展带有过多的城市上级部门的“行政化”色彩。据报道，住建部联合多个部委推进、中国城市规划设计研究院编制的《全国城镇体系规划》提出，计划构建“十百千万”的城市体系，其中，包括 10 个全球与国家中心城市、100 个国家特色城市、1000 个中小城市、10000 个特色镇。随着这一消息的报出，许多城市马上加入了国家中心城市名额的争夺。例如，郑州、长沙和沈阳三座城市竟然在同一天提出要建设国家中心城市，随后青岛也要创造更多条件创建国家中心城市，而浙江则要“举全省之力”支持杭州建设国家中心城市（徐豪、王红茹、银昕，2017）[④]。可以想象的是，中国接下来将有更多的城市会去积极竞争成为所谓的国家特色城市或特色镇等。

尽管如此，中国也有一些城市积极创造条件与邻近城市对接，从而充分分享邻近城市的经济发展，前文提到的昆山就是这方面的典型代表。例如，随着 2013 年 9 月 29 日中国（上海）自由贸易试验区的正式成立，昆山在“第一时间”作出“第一反应”，并抢出“第一效益”，努力实现从“单项突围”到“全面突破”，推进与上海自贸区建设的全面对接（江良，2014）[⑤]。为此，昆山按照“打好时间差、找好切入点、练好内家功、当好预备队、做好后花园”的总体思路，主动对接上海自贸区，从而打造新昆山开放型经济模式，对接的具体措施如表 7.2 所示。

---

① LEVER W F. 在竞争与合作中创建世界城市：以苏格兰中部地区城市为例［J］. 南京社会科学，2010（9）：14—21.

② 张鸿雁. 全球城市价值链理论建构与实践创新论：强可持续发展的中国城市化理论重构战略［J］. 社会科学，2011（10）：69—77.

③ 赵曦，司林杰. 城市群内部“积极竞争”与“消极合作”行为分析：基于晋升博弈模型的实证研究［J］. 经济评论，2013（5）：79—88.

④ 徐豪，王红茹，银昕. 从省会城市到国家中心城市谁会成为“国家中心城市”［J］. 中国经济周刊，2017（7）：16—25.

⑤ 江良. 昆山对接上海自贸区成效探究［N］. 江苏经济报，2014－05－16（B04）.

表 7.2　　昆山对接上海自贸区建设的措施

主要方面	具体政策
上海自贸区政策在昆山进行复制推广方面	A. 积极探索建立负面清单管理模式 B. 设立针对高风险产品及特殊产品的检验检疫指定口岸 C. 设立农产品入关入境的绿色快速通道 D. 推动两岸医药产业深度对接
加强与上海自贸区对台发展的合作方面	A. 推动上海自贸区、昆山试验区与台湾自由经济示范区开展“区对区”合作试点 B. 实现在特定区域内的生产要素自由流动
将昆山试验区打造成上海自贸区的功能延伸区方面	A. 在制造业方面，发挥加工制造优势 B. 在金融方面，规划建设花桥台资金融企业集聚区 C. 在贸易对接方面，加快推进“海关无水港”等贸易便利化平台建设

资料来源：江良．昆山对接上海自贸区成效探究［N］．江苏经济报，2014－05－16（B04）．

如表 7.2 所示，昆山全面对接上海自贸区建设的措施主要包括三个方面：一是上海自贸区政策在昆山进行复制推广方面；二是加强与上海自贸区对台发展的合作方面；三是将昆山试验区打造成上海自贸区的功能延伸区方面。

第一个方面的主要措施包括积极探索建立负面清单管理模式，设立针对高风险产品及特殊产品的检验检疫指定口岸，设立农产品入关入境的绿色快速通道，推动两岸医药产业深度对接。其中，建立负面清单管理模式目的是构建更加高效完善的开放型经济体系，农产品入关入境的绿色快速通道主要针对的是水果和观赏植物。

第二个方面的主要措施包括推动上海自贸区、昆山试验区与台湾自由经济示范区开展“区对区”合作试点，实现在特定区域内的生产要素自由流动。其中，“区对区”合作试点的开展充分利用昆山“对台特色”的优势。

第三个方面的主要措施包括制造业方面发挥加工制造的优势，金融方面规划建设花桥台资金融企业集聚区，贸易对接方面加快推进“海关无水港”等贸易便利化平台建设。其中，发挥加工制造的优势主要针对装备制造、新能源、新材料等行业，花桥台资金融企业集聚区的规划建设主要借助上海国际金融中心建设的辐射效应，贸易便利化平台的建设主要是构建水、陆、空的多式联运。

事实上，昆山经济的起步就是分享上海的经济发展，并在以后发展过程中一直保持这种分享式的发展格局。回顾昆山的发展历程，每一步发展、每一次转型，都离不开上海的带动和辐射。[①] 正是充分分享了上海的经济发展，截至2017年，昆山已经蝉联13年全国百强县市榜首。

7.5 模型衍生的城市发展政策含义

前文分析表明，只要城市中个人在生产过程中具有专业化经济，那么城市间进行分工就必然带来城市间分享经济。而人类行为存在熟能生巧的特征，所以个人在生产过程中必然具有专业化经济。因此，只要城市间进行分工就必然产生城市间分享经济。这一结论蕴含着这样的政策含义：城市间应创造更多的合作机会，以形成紧密联系的分工关系，从而充分发挥城市间分享经济的作用。

然而，由模型分析可知，城市间分工的形成必须要求城市间交易成本系数减小到一定的临界值。因此，在实践层面，不能随意去促进两个城市进行分工，而是重点考虑具体城市间的交易成本系数是否易于通过外部力量来减小。如果是，那就制定相关政策措施来减小城市间交易成本系数，以促成城市间形成分工。那么，什么样的城市间交易成本系数易于减小呢？一个易于想到的现实情形就是地理上邻近的两个城市，如广东省内的一个城市难以与黑龙江省内的一个城市进行分工，但两省内的城市间则易于形成分工。

依据这一思路，应该促进地理上邻近的城市相互间形成分工，这就是所谓的城市群。因此，在实际操作方面应该重点以城市群为单位，以促进城市群内部城市间形成统一的城市分工网络。需要指出的是，为了充分发挥城市间分享经济的作用，城市群之间也要形成城市间的分工网络。当然，这里不再强调两个城市群内部所有城市相互间进行分工，而是强调不同城市群中的中心城市进行分工。实际上，作为美国两大金融中心，芝加哥和纽约在其特定产业上的分工随着全球化的推进而不断专业化（Sassen，2011）[②]。在这过程中，不同城市群中的非中心城市不是直接与其他城市群中的城市建立分工联系，而是间接通过城市群中的中心城市与其他城市群中的城市建立分工联系。

那么，如何有效减小城市间交易成本系数呢？这里需要重点把握两个层

① 潘朝晖．融入配套服务上海昆山赴沪引资近百亿［EB/OL］.（2015-12-04）［2018-08-06］. http：//xh. xhby. net/mp2/html/2015-12/04/content_1344826. htm。

② 萨森．城市的专业化差异在今天的全球经济中至关紧要［J］. 国际城市规划，2011，26（2）：27—33.

面：一是城市群层面；二是各个城市群中心城市层面。不管是哪个层面都需要从硬、软件两个方面来减小城市间交易成本系数，硬件方面包括交通基础设施建设、信息化基础设施建设、城市规划等，软件方面包括城市间进行分工所要涉及的各种制度安排，重点在于尽量实现城市间在硬、软件两个方面上的无缝对接，真正形成城市间的交通一体化、信息一体化、制度一体化、市场一体化等。第一个层面的目的是促进城市群内部城市形成统一的城市分工网络。第二个层面的目的是促进不同城市群中的中心城市形成统一的城市分工网络，并以此为主网络来整合各个城市群，使全国各个城市形成“以各个城市群分工网络为基本单位，以城市群中心城市间分工网络为主网络”的城市分工体系。

由模型分析可知，城市间分享经济随着对方城市中个人在生产产品时的专业化经济程度的提高而增加，而城市间分享经济的增加可使城市间分工所要求的城市间交易成本系数减小的幅度更小。众所周知，在城市群中，与非中心城市相比，中心城市通常拥有更多的高级人才和更多的高端产品与服务，所以中心城市中个人在生产产品时的专业化经济程度也更高。因此，与非中心城市进行分工相比，城市群中一个非中心城市如果与中心城市进行分工将获得更多的城市间分享经济。这更有利于促进这个非中心城市与中心城市进行分工。

由此可见，在城市群内部城市进行分工之初，应重点促进非中心城市与中心城市的分工协作。随着非中心城市与中心城市的分工不断专业化，非中心城市中个人在生产产品时的专业化经济程度也会提高，此时非中心城市之间如果进行分工将会产生更多的城市间分享经济，而这更有利于促进非中心城市之间形成分工。因此，在城市群内部城市形成统一城市分工网络的过程中，首先应重点通过减小城市间交易成本系数来促进中心城市与非中心城市进行分工，随着中心城市与非中心城市之间分工的不断专业化，再借助因专业化经济程度提高而增多的城市间分享经济来促进非中心城市间的分工，从而实现整个城市群统一的城市分工网络。

7.6 本章小结

本章的重点是从新兴古典经济学的视角解析全球价值链分工下城市间分享经济的微观机制，并在此基础上演绎出城市发展的相关政策含义。

研究发现如下：

（1）城市间分享经济来源于对方城市中个人在生产产品时的专业化经济，且随着专业化经济程度的提高而增加，但其产生需要城市间进行分工，而城市间分工的形成必须要求城市间交易成本系数减小到一定的临界值，在这过程中，城市间分享经济的增加可使城市间分工所要求的城市间交易成本系数减小幅度更小。

（2）为了充分发挥城市间分享经济的作用，城市间关系应该更多地体现为分工合作的关系，具体的政策措施需要从促进城市间形成分工协作的方面来展开，目的是充分发挥城市间分享经济的作用。

第8章

全球价值链下中国城市发展的路径选择

8.1 全球价值链下中国城市发展的困境分析

改革开放以来，中国城市特别是沿海地区的城市通过加工贸易不断融入全球价值链。虽然本书的实证分析表明中国城市通过融入全球价值链获得较大发展，但是中国城市在融入全球价值链的过程中面临多方面的困境。由前文分析可知，在全球价值链下，城市的经济发展需要建立在城市之间形成价值链分工的基础上，而中国城市在融入全球价值链的过程中却限制了国内城市进行价值链分工。与此同时，中国城市融入全球价值链的方式也不利于在国内的一些中心城市发展成为全球城市，而全球城市的节点作用对其他一般城市（主要针对中西部地区的一些城市）融入全球价值链起着决定性的作用。

8.1.1 东部城市与中西部城市形成价值链分工的限制

在改革开放初期，中国经济体的交易效率总体上比较低，主要表现在基础设施落后，市场化水平偏低等方面。而且与其他国家相比，在进入21世纪以后，中国经济体的交易效率仍然处于低水平。例如，高帆（2007）[①] 通过构造一套指标体系测度出2001年中国的综合交易效率指数仅为0.8879，这不

① 高帆．交易效率的测度及其跨国比较：一个指标体系［J］．财贸经济，2007（5）：104—110.

仅远远低于英国、瑞典和加拿大等发达国家，而且也低于泰国和马来西亚等邻近的发展中国家（见表8.1）。由命题4.2和命题4.4可知，较低的交易效率不利于城市间形成价值链分工，因此，在整个经济体交易效率较低的情况下，中国城市之间难以进行价值链分工。

表8.1　　2001年部分国家的综合交易效率指数

国家	部分发达国家			与中国邻近的部分发展中国家		中国
	英国	瑞典	加拿大	泰国	马来西亚	
效率指数	2.2267	2.1477	2.6599	1.0812	1.2422	0.8879

数据来源：高帆．交易效率的测度及其跨国比较：一个指标体系［J］．财贸经济，2007（5）：104—110.

尽管如此，东部城市在融入全球价值链方面却具有以下两大优势：一方面，东部城市具有靠近海洋的优势，国际货物运输主要依靠船运，靠近海洋能显著降低城市之间的运输成本，从而提高城市之间的交易效率；另一方面，中国改革开放之后的优惠政策是从东部城市开始实施的，这使东部城市的制度成本大大降低，而制度成本是决定国际直接投资的重要因素（鲁明泓，1999；Wei，2000；Javorcik，2004）①。东部城市正是凭借这种区位和政策优势成为国际产业转移的最早受益者（隋广军、郭南芸，2008）②。而且，由于在位优势的存在（刘志彪、张少军，2008）③，中西部地区城市因东部城市的竞争在随后的发展过程中也难以通过依靠外资融入全球价值链。现实的一些经济现象也证实了这一点。例如，在很长的一段时间内，中西部地区大量的农村剩余劳动力迁移到东部沿海城市打工，由此形成了规模巨大的“民工潮”，而中国城市正是利用劳动力成本的比较优势融入全球价值链的。这说明中西部城市基本没有融入全球价值链，否则中西部农村剩余劳动力不会舍近求远来到东部沿海城市打工。实际上，裴长洪和樊瑛（2008）④ 提出，FDI在华投资的空间分布上，约80%的直接投资集中在东部沿海地区，内陆地区利

---

① 鲁明泓．制度因素与国际直接投资区位分布：一项实证研究［J］．经济研究，1999（7）：57—66；WEI S J. How Taxing is corruption on international investors?［J］. Review of Economics and Statistics, 2000, 82（1）：1-11；JAVORCIK B S. The composition of foreign direct investment and protection of intellectual property rights：evidence from transition economies［J］. European Economic Review, 2004, 48（1）：39-62.

② 隋广军，郭南芸．东部发达城市产业转移的角色定位：广州证据［J］．改革，2008（10）：46—52.

③ 刘志彪、张少军．中国地区差距及其纠偏：GVC和国内价值链的视角［J］．学术月刊，2008，（5）：49—55.

④ 裴长洪，樊瑛．利用外资仍要坚持数量与质量并重［J］．中国工业经济，2008（3）：5—13.

用外资不足。正是在这种情况下，20 世纪 80 年代以来，外商对中国沿海地区的投资使沿海地区形成了以上海、苏州、无锡、南京、杭州、宁波等城市为中心的长江三角洲城市群，以广州、深圳、珠海、东莞、中山等城市为中心的珠江三角洲城市群以及以北京、天津、青岛、大连、烟台等城市为中心的环渤海城市群（宋金平、蒋一军、王亚东，2008）①。

由上述分析不难发现，中国城市在融入全球价值链的过程中，中西部城市基本被甩在全球价值链之外。由于中国城市大多依靠国际代工融入全球价值链，而国际代工导致了一种“两端在外”的生产网络，即代工企业仅仅从国外购入零部件和各种设备，并将产成品直接销往国外市场的生产网络，所以造成了东部城市与中西部城市之间难以进行价值链分工，从而不利于东部城市与中西部城市之间形成统一的价值链，也使国内统一的城市系统难以形成。

8.1.2　东部城市相互之间形成价值链分工的限制

东部城市利用国际代工融入全球价值链的方式不仅限制它们之间进行价值链分工，而且加剧了它们之间的竞争。

首先，“两端在外”的生产网络使它们失去了合作的动力，且易于引起它们之间的竞争。这是因为“两端在外”的生产网络使每个城市不必与东部其他城市进行合作，只需引入外资就可使这种生产网络正常运行，为了形成这种生产网络，各个城市就会相互竞争外资。实际上，各个城市相互竞争外资的现象在中国非常普遍。赵璟和党兴华（2007）② 与张紧跟（2008）③ 的研究也指出了中国各个城市存在争相招商引资、“筑巢引凤”的竞争行为。

其次，在融入全球价值链的过程中，代工企业与国际主导企业在全球价值链纵向上进行分工，但与国内其他产业内企业形成了横向分工，它们之间形成的竞争关系强于合作关系（刘志彪、于明超，2009）④。这种分工格局必

---

① 宋金平，蒋一军，王亚东．全球化对城市发展的影响与启示［J］．城市问题，2008（4）：30—30.

② 赵璟，党兴华．城市整体交易效率与中国城市间竞争分析［J］．城市问题，2007（9）：69—73.

③ 张紧跟．从多中心竞逐到联动整合：珠江三角洲城市群发展模式转型思考［J］．城市问题，2008（1）：34—39.

④ 刘志彪，于明超．从 GVC 走向 NVC：长三角一体化与产业升级［J］．学海，2009（5）：59—67.

然加剧东部城市之间的竞争。俞荣建（2009）[①] 通过在无锡、杭州两个城市的实地调研得出，这两个城市的软件外包承接企业之间的竞争已经到了白热化程度，特别是对来自欧美地区国家与日本的软件外包订单，由于相互之间低价竞争，国外发包方则十分便利地通过分解软件模块、降低技术水平要求，分别发包给相互竞争的中国供应商，价格要比打包发包印度软件企业的价格平均低 30% 左右。

最后，中国城市在融入全球价值链时基本都是依靠劳动力成本的比较优势，从事单一的劳动密集型环节。[②] 在全球价值链中，各个城市形成价值链分工后所从事的生产环节是不一样的，否则不可能形成价值链分工。中国城市在融入全球价值链时所从事的生产环节过于单一，这不利于它们之间形成价值链分工，相反会导致它们之间的竞争。在这种情况下，各个城市基本从事同样的生产环节，却不进行整合，这也限制了规模经济的发挥。例如，俞荣建（2009）[③] 调研提出，浙江某知名企业由于生产能力的规模制约与技术单一性制约，对来自美国两家世界级零售客户的巨额订单只得放弃，而该企业的总经理透露，上海另外一家生产企业掌握了美国客户的技术要求，只是同样不具备要求的生产规模，只得放弃，但是如果两家企业合作，优势互补，则完全可以争取到这两份订单。

8.1.3　发展全球城市的限制

一方面，全球城市是高端生产环节的高度集聚地，而高端生产环节以高级生产性服务为主。因此，在全球价值链下，一个城市要发展成为全球城市，就必须通过价值链分工高度集聚以高级生产性服务为主的高端生产环节。然而，中国城市在融入全球价值链的过程中却不利于高级生产性服务在国内城市的高度集聚，这主要缘于以下三个方面：①建立在低端要素环节上的制造中心地位无法积累和嵌入高级要素，只能使总部经济的生产性服务功能游离于中国之外的发达国家，尤其是集聚于这些国家的大型城市（刘志彪、张少军，2009）[④]；②在外资代工制造业中，跨国公司形成了一种封闭的网络生产

---

① 俞荣建．全球价值链升级视角下长三角国际代工产业自主价值体系构建［J］．商业经济与管理，2009（11）：53—58.

② 刘志彪和张少军也有类似的观点。刘志彪，张少军．总部经济、产业升级和区域协调：基于全球价值链的分析［J］．南京大学学报（哲学·人文科学·社会科学），2009（6）：54—62。

③ 俞荣建．全球价值链升级视角下长三角国际代工产业自主价值体系构建［J］．商业经济与管理，2009（11）：53—58.

④ 刘志彪，张少军．总部经济、产业升级和区域协调：基于全球价值链的分析［J］．南京大学学报（哲学·人文科学·社会科学），2009（6）：54—62.

体系，制造业增加值中很大一部分是由 FDI 企业创造的，在这种封闭网络体系下，FDI 形式的制造业的繁荣并不对本土高级服务业产生市场需求（江静、刘志彪，2009）[①]；③加工贸易主导的贸易结构割裂了制造业和生产性服务的产业关联，代工制造业发展不仅没有形成对生产性服务的有效需求，反而在要素获取方面与服务业形成竞争，进而制约了生产性服务的发展（江静、刘志彪，2010）[②]。

另一方面，全球城市是连接区域、全国和世界经济的节点，它将这些地区的经济命运和自身能力结合起来以保持在全球中的竞争力（Friedmann，1995；2004）[③]。这说明全球城市的形成与发展离不开其所在的区域。吕拉昌（2007）也指出，全球城市具有区域性的烙印。[④] 实际上，当今世界还没有任何一个全球城市能游离于区域之外而独立发展，纽约、伦敦、东京等城市分别是自己所在区域的核心，是城市圈中的佼佼者（马小宁，2008）[⑤]。在全球价值链下，一个城市要发展成为全球城市，它必须与其所在区域的其他城市进行价值链分工，从而形成内在统一的城市群。而由上述分析可知，中国城市在融入全球价值链的过程中却限制了相互之间的价值链分工。李培（2008）[⑥] 的实证研究得出，中国三大都市圈（包括长三角都市圈、珠三角都市圈和京津冀都市圈）中分工与专业化水平最高的是长三角都市圈。尽管如此，长三角都市圈中的各大城市在全球价值链下仍是各自为政。例如，多数城市都在喊“对接上海，接轨浦东”，但在高速铁路、高速公路、深水集装箱港口、国际航空枢纽等巨型工程建设中仍然是“南辕北辙”，缺乏统一的全球化战略布局设想（顾朝林、陈璐，2007）[⑦]。因此，中国城市在融入全球价值链的过程中限制了区域（具体来说应该是城市群）对全球城市形成与发展的促进作用。

---

① 江静，刘志彪．政府公共职能缺失视角下的现代服务业发展探析［J］．经济学家，2009（9）：31—38.

② 江静，刘志彪．世界工厂的定位能促进中国生产性服务业发展吗［J］．经济理论与经济管理，2010（3）：62—68.

③ FRIEDMANN J. Where we stand：a decade of world city research［M］//KNOX P L，TAYLOR P J. World Cities in a World - System. Cambridge：Cambridge University Press，1995：21 - 47；FRIEDMANN J. 规划全球城市：内生式发展模式［J］．城市规划汇刊，2004（4）：3—7.

④ 吕拉昌．全球城市理论与中国的国际城市建设［J］．地理科学，2007，26（1）：449—456.

⑤ 马小宁．全球性城市理论及其对我国城市发展的启示［J］．河南社会科学，2008（1）：70—71.

⑥ 李培．中国城市间的分工效应研究［J］．财经研究，2008（4）：72—81.

⑦ 顾朝林，陈璐．从长三角城市群看上海全球城市建设［J］．地域研究与开发，2007，26（1）：1—5.

8.2 全球价值链下中国城市发展的大国优势[①]

在全球价值链下，各个生产环节被分布于最优的城市（即该城市具有生产环节最需要的比较优势），融入全球价值链的各个城市正是依托所从事的生产环节形成价值链分工，从而促进自身的经济发展。对于大国来说，全球价值链的各个生产环节在国内就可能找到各自所需的最优城市，因此，统一的价值链在一国内部也可以形成。这样的价值链就是所谓的国内价值链。作为发展中国家的大国来说，中国通过构建国内价值链来促进城市的经济发展具有内在的大国优势。因此，中国城市在全球价值链下的发展必须走大国战略之路。

8.2.1 大国战略下构建国内价值链的优势分析

在全球范围内，国家之间存在许多不可预测的复杂关系，并且每个国家都存在不同的政治、经济与文化环境。这些对全球价值链各个生产环节的统一性必然造成负面影响。然而，如果统一的价值链在一国内部城市之间就可以形成，那么这些负面影响就可以避免。因此，相对于全球价值链来说，大国战略下构建的国内价值链具有一定的大国优势，主要表现在以下几个方面。

8.2.1.1 大国国内价值链的相对易建性、完整性及低风险性

根据命题4.2和命题4.4可知，只有城市之间的交易效率提高到一定程度，它们之间才可以形成价值链分工。相对于不同国家的城市之间，由于一国内不存在关税和政治上的统一等原因，一国内部城市之间的交易效率一般要高些。这说明相对于不同国家的城市之间，一国内部城市之间更易于形成价值链分工。并且，与国际城市间的全球价值链不同，这种依托于国内经济的价值链可以形成比较完整的网络，如发达国家更可能发展创新网络，发展中国家更可能形成模块化的生产网络（Humphrey、Schmitz，2004）[②]，所以国内价值链中各个生产环节之间的价值链分工具有较高的完整性。

---

① 本章节相关内容可参见张松林、程瑶和唐国华的《零售业品牌升级的“大国优势”》。张松林，程瑶，唐国华．零售业品牌升级的“大国优势”［J］．学习与实践，2014（1）：55—65.

② HUMPHREY J，SCHMITZ H. Chain governance and upgrading：taking stock ［M］ //SCHMITZ H. Local Enterprises in the Global Economy：Issues of Governance and Upgrading. Cheltenham：Edward Elgar，2004：349 –381.

更为重要的是，国际各种关系错综复杂，这使不同国家城市之间的交易效率具有较高的不确定性，从而给这些城市之间的价值链分工带来较高的风险。这就意味着不同国家城市之间的价值链分工并不是一劳永逸的事情，它会受到国际各种关系的影响。事实上，中国城市在融入全球价值链的过程中就遭遇了这样的风险。随着中国 2001 年加入 WTO，中国城市融入全球价值链的步伐迅速加大，这给一些国家的经济发展造成了一定冲击。基于此，一些国家开始采取一些措施来限制中国城市融入全球价值链。例如，美国 2005 年的第 109 届国会提出 27 件对华贸易保护措施草案，2007 年的第 110 届国会又增加 16 件；类似的紧张关系也开始向欧洲蔓延，2008 年进行的 48 件欧盟反倾销和反补贴案件一半以上与中国相关，特别是 2007 年新增的欧盟反倾销调查都直指中国（刘林青、李文秀、张亚婷，2009）①。这些措施的出台一定程度上抑制了中国城市在全球价值链中的价值链分工。由表 8.2 可看出，2008 年 5 月后中国加工贸易（包括来料加工贸易和进料加工贸易）进出口的月度数据同比不断下降，在 2008 年 11 月还为负值，且随后进一步下降，截至 2009 年 6 月一直为负值，表明中国城市在全球价值链中的价值链分工的确受到一定程度的抑制。谭力文、马海燕和刘林青（2008）② 的研究也表明，2008 年上半年长三角、珠三角地区劳动密集型产业遭遇寒冬，出口额下降、外商撤资逃离、数以万计的企业倒闭或面临倒闭。这些说明中国城市只是通过与国外城市进行价值链分工的分工网络的确具有较高的风险。

表 8.2　中国加工贸易进出口的月度同期变化率（2008.5—2009.5）　单位：%

时间＼指标	加工贸易		来料加工贸易		进料加工贸易	
	进口	出口	进口	出口	进口	出口
2008.5	16.8	23.5	16.8	9.6	16.8	26.7
2008.6	13.0	14.1	19.9	2.8	10.9	16.6
2008.7	12.1	20.9	14.7	6.6	11.3	24.1
2008.8	3.3	10.2	0.1	-2.1	4.3	13.0
2008.9	3.9	11.1	-5.3	-4.7	6.9	14.8
2008.10	2.5	8.6	-6.1	-14.2	5.4	14.0
2008.11	-24.9	-10.9	-25.2	-20.7	-24.8	-8.7
2008.12	-31.3	-15.7	-32.1	-25.7	-31.0	-13.3

① 刘林青，李文秀，张亚婷．比较优势、FDI 和民族产业国际竞争力："中国制造"国际竞争力的脆弱性分析［J］．中国工业经济，2009（8）：47—57.

② 谭力文，马海燕，刘林青．服装产业国际竞争力：基于全球价值链的深层透视［J］．中国工业经济，2008（10）：64—74.

续表

时间 \ 指标	加工贸易		来料加工贸易		进料加工贸易	
	进口	出口	进口	出口	进口	出口
2009.1	-48.3	-25.4	-49.6	-30.4	-47.8	-24.2
2009.2	-29.7	-23.0	-26.8	-24.5	-28.7	-21.3
2009.3	-28.9	-22.0	-29.4	-25.2	-28.7	-21.3
2009.4	-27.4	-23.2	-29.1	-22.1	-26.9	-23.4
2009.5	-27.0	-24.8	-30.9	-24.7	-25.7	-24.8

资料来源：许南，李建军．国际金融危机与中国加工贸易转型升级分析：基于全球生产网络视角[J]．财贸经济，2010（4）：98—106.

作为发展中国家的大国，中国在内部城市之间形成价值链分工就可以避免国际复杂关系的负面影响。这是因为中国是大国，这就意味着中国内部城市不需与国外城市进行价值链分工，而只是相互之间进行价值链分工也可以形成统一的价值链。

8.2.1.2 大国国内价值链的市场规模效应

大国内部城市相互之间在大国战略下形成了统一的国内价值链，也就意味着它们之间形成了价值链分工，而分工的完成说明城市之间的市场也形成。由于大国经济的存在，大国战略下的统一国内价值链可以创造巨大的市场规模，这种巨大的市场规模显然有利于规模经济的发挥。由命题5.4可知，规模经济的发挥是促进处于价值链分工的各个城市的经济发展的重要动力，因此，形成国内价值链的各个城市可以依托巨大的国内市场发挥规模经济，从而促进自身的经济发展。

而且，大国国内价值链的市场规模效应对高度集聚高端生产环节城市的形成与发展有着特殊的作用。对发展中国家的大国来说，一些城市的巨大挑战就是由从事低端生产环节向从事高端生产环节转变，而巨大的国内市场却可以使这些城市完成这一转变。其原因有两个方面：一方面，不同地区在自然地理、要素禀赋、经济发展、社会环境和文化习俗等方面千差万别，极大地增强了市场的层次和维度，从而为创新活动提供了充分的空间（刘志彪、张少军，2009）①，而这些创新活动本身就包括研发等高端生产环节；另一方面，本土企业具有沟通优势，最有可能开发出本土市场所需要的新产品

① 刘志彪，张少军．总部经济、产业升级和区域协调：基于全球价值链的分析[J]．南京大学学报（哲学·人文科学·社会科学），2009（6）：54—62.

(Vernon, 1966)[①], 巨大的国内市场就可以充分发挥本土企业的这一优势, 使它们更易于由从事低端生产环节向从事高端生产环节升级。实际上, 利用巨大的国内市场获得成功创新的情形已在中国的个别企业中变成现实,[②] 如徐康宁和冯伟 (2010)[③] 的研究表明, 奇瑞公司依靠因市场扩大而带来的递增收益, 成为中国第一家能够研制开发先进发动机的本土企业, 使中国汽车产业告别了 50 年来会造汽车但不会造汽车“心脏”的历史。

另外, 大国国内价值链的市场规模效应还会放大本土市场效应 (Home Market Effect)。本土市场效应由 Krugman (1980)[④] 提出, 指在一个存在报酬递增和贸易成本的经济系统中, 一国倾向于出口那些在国内拥有较大市场的商品。Crozet 和 Trionfetti (2008)[⑤] 对本土市场效应进行了实证检验, 证明了本土市场效应不仅存在, 同时还具有非线性的特点, 即与中等规模的国家相比, 特别大和特别小的国家存在更加显著的本土市场效应。这说明大国国内价值链的市场规模更加有利于本土市场效应的发挥。中国城市在融入全球价值链的过程中相互之间没有形成价值链分工, 从而限制了城市之间市场一体化的形成, 这不利于本土市场效应的发挥。事实上, 邱斌、尹威 (2010)[⑥] 的实证研究得出, 当前中国加工贸易占据了出口近一半的贸易结构的确在一定程度上制约了本土市场效应的发挥。

8.2.1.3　大国国内价值链利于发挥“节点城市”的节点作用

由前文的分析可知, 发展中国家城市的转型主要有两个步骤: ①通过外在力量 (如政府提供更好的交通设施和制度等) 来提高城市之间外生的交易效率, 从而促成城市之间形成初始的价值链分工; ②一旦这种价值链分工引起其中一个城市的节点作用, 这种节点作用就会通过累积效应来加速这个城市的转型 (即节点作用越来越强, 当这种节点作用足够强时, 这个城市也就变成了全球城市)。由此可见, 真正对一个城市的转型起着主要作用的是城市

---

① VERNON R. International investment and international trade in the product cycle [J]. Quarterly Journal of Economics, 1966, 80 (2): 190 - 207.

② 之所以在中国还没有出现大量这样的案例是因为国内因地方保护和市场分割等因素还没有形成要素和产品等的国内统一市场。

③ 徐康宁, 冯伟. 基于本土市场规模的内生化产业升级: 技术创新的第三条道路 [J]. 中国工业经济, 2010 (11): 58—67.

④ KRUGMAN P. Scale economies, product differentiation, and the pattern of trade [J]. The American Economic Review, 1980, 70 (5): 950 - 959.

⑤ CROZET M, TRIONFETTI F. Trade costs and the home market effect [J]. Journal of International Economics, 2008, 76 (2): 309 - 321.

⑥ 邱斌, 尹威. 中国制造业出口是否存在本土市场效应 [J]. 世界经济, 2010 (7): 44—63.

本身的节点作用。在一定程度上可以认为城市的节点作用本质上就是提高它与其他城市之间内生的交易效率，进而协调各个城市之间的价值链分工，从而形成统一的价值链。因此，本书认为“节点城市”的本质就是一种能显著降低城市间交易成本的空间组织。

根据命题4.2，只有城市间交易效率的提高还不足以形成价值链分工，两个城市形成价值链分工还需要双方相互发挥比较优势。只有足够多的城市需要利用“节点城市”的节点作用，“节点城市”才能与它们进行价值链分工，从而发挥自身的比较优势。在节点作用的累积效应下，“节点城市”可以内生地提高其与其他城市之间的交易效率，从而加速其与这些城市形成价值链分工，而这又进一步发挥其节点作用。随着节点作用的不断加强，“节点城市”与其他城市之间的交易效率不断提高，这样就会使新的城市与“节点城市”进行价值链分工，再次加强其节点作用，从而形成一种节点作用的累积循环效应。但是，这个需要建立在“节点城市”与大量城市进行价值链分工的基础上。对于大国来说，不仅存在大量的能与“节点城市”进行价值链分工的城市，而且它们之间形成的价值链分工的不确定性较小，所以，在大国经济条件下的“节点城市”能够充分发挥自身的节点作用，且这种节点作用的累积效应具有一定的稳定性。

8.2.2 中国在大国战略下构建国内价值链的可行性分析

根据命题4.2和命题4.4可知，在一国内形成统一的国内价值链必须满足以下两个条件：①国内价值链的各个生产环节在国内能找到相应的城市，即这些城市拥有相应生产环节的比较优势；②各个城市通过相互之间价值链分工的所得能弥补城市间的交易成本，即每个城市能通过价值链分工获得收益的提高。

对于第一个条件，本节认为中国的城市已达到要求。改革开放以来，经过多年融入全球价值链的经济发展，中国东部沿海城市的制造成本急剧上升。以广东省工业集中的主要城市（包括广州、东莞、佛山和深圳）为例，这些城市的最低工资从2004—2008年的涨幅都超过了25%，平均工资更是超过了95%（见表8.3）。刘志彪（2007）[①] 也提出，经过多年制造业外包的集聚发展，沿海地区城市的制造成本急剧上升，如过度拥挤、污染、住宅短缺、劳动力和土地成本上升等。这预示着东部沿海城市劳动力成本的比较优势正在

① 刘志彪.服务业外包与中国新经济力量的战略崛起[J].南京大学学报（哲学·人文科学·社会科学），2007（4）：49—58.

消失。实际上，东部沿海城市廉价劳动力的来源也主要是中西部地区的农村剩余劳动力。这说明全球价值链中劳动力成本的比较优势需要从中西部城市中获得。蔡昉、王德文和曲玥（2009）① 的研究在一定程度上进一步支持了这一结论。他们的研究表明，华南沿海地区的劳动报酬水平最高，但其劳动生产率却非最高，且从 2003 年开始，其劳动生产率的增长就慢于劳动报酬的增长，所以单位劳动力成本就开始逐年提高，说明其单位劳动力成本的比较优势已经开始丧失；相反，中部地区的劳动生产率并不低，但其劳动报酬水平却是最低的，说明其在劳动力成本方面具有很强的比较优势；与此同时，虽然西部地区的劳动生产率相对偏低，但从趋势上看，其劳动生产率的提高速度却是最快的，所以其单位劳动力成本的下降趋势也是最快的，说明其很有潜力实现在劳动力成本上的比较优势。

表 8.3　　　　广东省主要城市工资上升情况（2004—2008 年）

城市	最低工资				平均工资			
	2004 年（元）	2006 年（元）	2008 年（元）	2004—2008 年涨幅（%）	2004 年（元）	2006 年（元）	2008 年（元）	2004—2008 年涨幅（%）
广州	684	780	860	26	31025	36321	61372	97.81
东莞	574	690	780	36	25326	31135	50429	99.12
佛山	574	690	840	46	19562	25207	43618	122.97
深圳	690	810	1000	45	31928	35107	65310	104.55

资料来源：曹红柳，陈文．全球金融危机下香港服务业竞争力探研［J］．国际经贸探索，2010（7）：37—43.

根据前文对发展中国家城市转型的实现机制的研究，本节认为东部城市正面临着通过产业转移来实现城市转型的关头，即东部城市通过产业转移把全球价值链延伸到中西部城市，既实现了自身作为“节点城市”的转型，又使中西部城市也融入全球价值链。② 这种情形实际上就是国内价值链形成的情形。但是，这种情形的出现要求东部城市和中西部城市之间形成价值链分工，而这要求它们之间的交易效率提高到一定程度，即满足第二个条件。

对于第二个条件，一国政府是可以控制的，即通过提高外生城市间交易效率来促进东部城市和中西部城市之间的价值链分工，具体的措施包括促进

---

① 蔡昉，王德文，曲玥．中国产业升级的大国雁阵模型分析［J］．经济研究，2009（9）：4—14.

② 刘志彪、张少军的研究也提出了相似的观点。刘志彪，张少军．总部经济、产业升级和区域协调：基于全球价值链的分析［J］．南京大学学报（哲学・人文科学・社会科学），2009（6）：54—62.

城市之间的交通一体化、信息一体化和市场一体化等。当然，这里也不是说一国政府可以一蹴而就地做到这些，至少它可以自己努力去实现。更为重要的是，当东部地区的一些城市群中的中心城市通过与周边城市形成价值链分工而成为“节点城市”，其节点作用就可以显著提高城市间内生的交易效率来促进其与中西部城市形成价值链分工。①

综上所述，中国城市走大国战略之路，建立统一的国内价值链，并依托这种国内价值链来促进各个城市的共同发展是完全行得通的。当然，这是一个循序渐进的过程。

8.3 大国战略下中国城市发展的困境突破

通过发挥大国优势，中国城市在国内建立统一的国内价值链可以突破其在全球价值链下的发展困境。首先，由前文对发展中国家城市转型的实现机制的研究可知，处于全球价值链中的城市在全球价值链下获得一定发展之后，可以通过国内其他未处于全球价值链中的城市进行价值链分工来实现城市转型。随着东部城市在全球价值链下的快速发展，其劳动力成本的比较优势不断减弱，而其中的低端生产环节对劳动力成本的比较优势比较敏感，所以东部城市正面临着城市转型的压力。此时，如果东部城市通过在国内延伸全球价值链把低端生产环节转移到中西部城市，自己向高端生产环节攀升，那么中西部城市不仅可以通过东部城市融入全球价值链，而且它们与东部城市可以形成价值链分工，这样的结果就突破了中国城市在全球价值链下发展的第一个困境。

在东部城市不断将低端生产环节转移到中西部城市的同时，它们就得重新定位自己的比较优势，进而选择高端生产环节。与在改革开放初期中国城市整体上都不得不依靠劳动力成本的比较优势不同，此时，东部城市可以根据自身的发展基础及未来的发展前景来定位自己的比较优势，这可以避免东部城市之间因相同的比较优势而形成的激烈竞争。因此，东部城市重新定位自己的比较优势给它们之间的价值链分工提供了一个极佳的机遇。在这种情况下，如果东部城市群内部的各个城市结合自身发展，从城市群的全局着眼，通过相互之间的合作来定位自身的比较优势，那么城市群内部的各个城市就

① 相对于东部城市和中西部城市之间的交易效率，政府更易于通过外部力量提高城市群内部城市之间的交易效率。长三角城市群的有关政府已经致力于这方面的工作，并取得了一定的成效。

可以进行价值链分工，这样就能突破中国城市在全球价值链下发展的第二个困境。

在东部城市群内部城市形成价值链分工之后，其中的中心城市就可以形成“节点城市”，进而产生节点作用，这种节点作用又会进一步通过累积效应来加深“节点城市”与城市群内部其他城市之间的价值链分工。而且，随着节点作用的不断加强，其可以显著提高“节点城市”与中西部城市之间的内生交易效率，从而促进它们之间的价值链分工。随着“节点城市”与越来越多的城市形成价值链分工，其最终必然发展成为全球城市，这样就突破了中国城市在全球价值链下发展的第三个困境。

8.4 全球价值链下中国城市发展的总体思路与具体路径

8.4.1 全球价值链下中国城市发展的总体思路

根据前文分析，中国城市在全球价值链下的发展可以充分利用大国优势，走大国战略之路。具体来说，利用东部城市已经融入全球价值链的在位优势，把全球价值链延伸到中西部城市，使东部城市与中西部城市之间形成价值链分工。与此同时，东部城市之间（特别是其中的城市群内部城市之间）要充分利用攀升价值链的机遇，从自身发展和城市合作的角度来重新定位自己在全球价值链中的比较优势，并以此比较优势促进相互之间的价值链分工。由命题 4.2 和命题 4.4 可知，城市间形成价值链分工要求城市间交易效率提高到一定程度，所以，要在国内形成统一的国内价值链，必须提高城市之间的交易效率。

由于城市间交易效率有外生与内生两种，因此在提高城市间交易效率的时候，也要针对这两种城市间交易效率提出相应的具体措施。对于外生城市间交易效率来说，主要是依靠外部力量来促进其提高；对于内生城市间交易效率来说，主要是发挥“节点城市”的节点作用来促进其提高。由于内生城市间交易效率的产生必须建立在城市间形成价值链分工的基础上，所以，需要依靠外部力量提高外生城市间交易效率，以促进城市间进行初始的价值链分工。当内生城市间交易效率产生以后，要充分发挥“节点城市”的节点作用，通过其累积效应来提高内生城市间交易效率。需要指出的是，内生城市间交易效率的提高对促进城市群之间的价值链分工非常重要，因为通过外部力量来提高外生城市间交易效率毕竟有限，特别是针对中国这样的大国来说更是有限。

基于上述分析，中国城市在全球价值链下发展的总体思路可归结为：通过外部力量提高外生的城市间交易效率，以促进城市间形成初始的价值链分工，然后充分发挥“节点城市”的节点作用来提高内生的城市间交易效率，以促进更大范围的各个城市之间形成价值链分工，在这过程中特别要注意充分利用节点作用的累积效应来不断提高内生的城市间交易效率，从而最终促成以各个城市作为空间载体的统一的国内价值链，以此充分利用大国优势来促进城市在全球价值链下的经济发展。

8.4.2 全球价值链下中国城市发展的具体路径

根据全球价值链下中国城市发展的总体思路，针对中国城市在融入全球价值链中经济发展的现状，本节认为全球价值链下中国城市经济发展的具体路径主要有以下三个。

第一，通过外部力量最大限度地提高城市之间的外生交易效率，促进城市之间进行价值链分工。在这过程中，特别要注意发挥城市群的作用，尤其要优先促进城市群内部各城市之间的价值链分工，在城市群内部构建统一的“城市群价值链”，并依托这种“城市群价值链”形成初始的“节点城市”。

具体的策略包括：

(1) 在依靠外部力量提高外生的城市间交易效率方面，需要认识到全国所有城市之间外生交易效率的整体性提高不是一蹴而就的事情。在这过程中，特别要注意发挥城市群的作用：一是依托东部三大城市群（包括环渤海城市群、长三角城市群和珠三角城市群）在全球价值链下的优先发展，可以率先提高这些城市群内部城市与其周边省市中的城市之间的外生交易效率，以促进它们之间形成价值链分工，如长三角城市群难以把价值链一下子延伸到甘肃、四川等西部省份中的城市，却易于将价值链延伸到安徽这样周边省份的城市；二是相对于处在不同城市群的两个城市之间交易效率的提高，处在同一个城市群的两个城市之间交易效率的提高更加容易，所以，应该优先提高城市群内部城市之间的外生交易效率，以促进城市群内部形成统一的城市群价值链。需要指出是，由于东部城市群与中西部城市群在经济发展水平上以及在融入全球价值链程度上存在较大差距，所以，这里主要是先行一步促进东部三大城市群形成统一的城市群价值链。当然，对于中西部地区一些具有较大潜力形成城市群价值链的城市群，也要积极通过政府的外部力量提高内部外生的城市间交易效率，以促进城市间形成价值链分工。

（2）在提高城市间外生的交易效率方面，主要的具体措施包括：一是以各个城市作为整体，统一制定交通规划，构建协调的交通基础设施，促进城市间交通基础设施的顺利对接，以形成城市间的交通一体化；二是各个城市中的各级城市机构在信息化方面进行统一，形成互动对接的信息化平台，促成城市间的信息一体化；三是消除各级城市政府的地方保护与市场分割，进一步推进市场化建设，真正形成城市间的市场一体化。

（3）在形成价值链分工的过程中，城市群内部城市应从整个价值链的高度来定位自己的比较优势。在全球价值链中，如何定位自己的比较优势对一个城市的经济发展起着非常重要的作用。其原因是每个城市的比较优势都是相对的，它应该比较整个全球价值链中的城市来定位自身最优的比较优势。本书对城市转型的实现机制的分析已充分证实了这一点。在全球价值链下，城市层面竞争的基本单元是城市群，单个城市的竞争已失去意义。对于一个城市群来说，其最大的竞争优势是内部统一的城市群价值链，这种城市群价值链由城市群内部各个城市中的生产环节组合而成，而每个城市集聚哪种生产环节是由其比较优势决定的。由此可见，城市群的竞争优势来源于内部各个城市比较优势的发挥。然而，在现实中，中国不少城市存在盲目追求建设“现代化国际大都市”的目标，这显然不利于城市群内部各个城市之间通过协调来根据自身比较优势形成统一的价值链分工。因此，中国部分城市应改变这一思维，以充分提升自己所在城市群的竞争优势为目标来定位自己的比较优势，并依据这种比较优势进行价值链分工，从而形成统一的城市群价值链。根据中国城市在全球价值链下的发展现状，本节认为可以率先将环渤海城市群中的北京、长三角地区城市群中的上海和珠三角地区城市群中的香港和广州发展成为“节点城市”。

第二，充分利用“节点城市”的累积效应，促进东部三大城市群的“节点城市”发展成为全球城市，以此来显著提高城市之间内生的交易效率。

具体的策略包括：

（1）推进高端服务在“节点城市”的健康发展。全球城市是高端生产环节的集聚地，而这些高端生产环节以高级生产性服务业为主。目前，中国的高级生产性服务业的发展存在许多问题，这些问题严重限制了高级生产性服务业的健康发展。因此，在东部三大城市群进行价值链分工，在使高端服务环节向其中的“节点城市”集聚的过程中，进一步改革与完善针对高端服务发展的各种制度安排，为高端服务的健康发展提供更宽广的自由空间与更有效的支持政策。

（2）加强知识产权保护。“节点城市”是高端生产环节的集聚地，这些高端生产环节包括研发和营销等环节。由于这些生产环节的成果（如研发技术和知名品牌等）极易被其他企业直接采用，而这些成果的生产具有极大的风险性，且前期投入太多，所以，这就需要政府完善知识产权保护相关法律法规，保护企业的成果免遭侵权，鼓励企业在高端生产环节上的创新精神，从而进一步加强节点作用的累积效应。

（3）引导高端服务人才向“节点城市”集聚。高端服务环节的快速发展需要大量的各种各样的高级专业知识人才，这就需要有关部门采取相应的措施引导这些人才向“节点城市”集聚。具体的措施包括：一是“节点城市”自身加强教育，根据需要培养各种类型的高级人才；二是采用政策优势吸引国内外的高级人才；三是建立专业的高级人才管理制度，使这些高级人才乐于在“节点城市”集聚。

第三，利用东部全球城市的节点作用提高其与中西部城市之间内生的交易效率，促进它们之间进行价值链分工，从而形成统一的国内价值链。

具体的策略包括：

（1）在形成国内价值链的同时，也要使国内价值链嵌入全球价值链中。目前，东部城市已基本融入全球价值链。根据这一现状，东部城市与中西部城市之间进行价值链分工应依靠以下方式：使全球价值链在国内从东部城市延伸到中西部城市。① 在这种情形下，中西部城市就可以通过东部城市融入全球价值链，从而改变中国城市只是依靠国外城市融入全球价值链的不利局面。这种价值链延伸还有以下优势：中西部地区农村剩余劳动力不必再远行到东部城市，而是就近在中西部城市从事生产活动，这在一定程度上降低了交易成本；而且那些以前在东部城市已经工作了一段时间的农村剩余劳动力由于学习效应的积累，可以降低在中西部城市从事生产的固定学习成本。

（2）东部城市引入的国际服务外包必须以与中西部城市形成价值链分工为基础。在国际服务外包日益发展的国际环境中，东部城市在将低端生产环节转移至中西部城市的同时，也要积极承接国际服务外包来实现城市产业的升级。但是这“一转一承”不是脱节的，而是相互衔接的，亦即东部城市承接的国际服务外包是为转移至中西部城市的低端生产环节服务的，它们之间应是统一的价值链，这样就可以提升整个国内价值链在国际上的竞争优势。

（3）在构建国内价值链的过程中，要重点发展战略性新兴产业，如基于“低碳经济”及“低碳城市”的产业。在当今世界经济竞争日益激烈的国际环境下，一个产业各个生产环节在空间上的统一性还不能保证这个产业最具

① 张少军、刘志彪的研究也有类似观点。张少军，刘志彪．全球价值链模式的产业转移：动力、影响与对中国产业升级和区域协调发展的启示［J］．中国工业经济，2009（11）：5—15.

有竞争优势，因为基于统一价值链的各个不同产业之间的竞争优势是不一样的。这就要求各国积极发展那些具有竞争优势制高点的战略性新兴产业。基于此，特别是借助 2008 年金融危机带给中国城市的机遇，中国城市应在国内积极构建关于战略性新兴产业的国内价值链，加强战略性新兴产业在国际上的竞争优势。

8.5 本章小结

通过综合分析中国城市在全球价值链下发展的具体情况，发现中国城市在融入全球价值链的过程中面临多个方面的困境：首先，中国城市在融入全球价值链的过程中，中西部城市基本被甩在全球价值链之外，造成东部城市与中西部城市间难以进行价值链分工，从而限制了它们之间统一价值链的形成，进而使依托统一价值链的国内城市系统难以实现；其次，东部城市利用国际代工融入全球价值链的方式不仅限制它们之间进行价值链分工，而且加剧了它们之间的竞争，从而抑制了东部地区形成具有统一价值链特征的城市群价值链；最后，中国城市融入全球价值链的方式不利于在国内的一些中心城市发展成为全球城市，而全球城市的节点作用对其他一般城市（主要针对中西部地区的一些城市）融入全球价值链起着决定性的作用。

尽管如此，作为发展中国家的大国来说，中国在全球价值链下通过构建国内价值链来促进城市的经济发展具有内在的大国优势：首先，相对于国家之间的全球价值链，大国内部统一的国内价值链更易于形成，同时，具有较高的完整性，且风险较小；其次，大国内部统一的国内价值链可以引起较强的市场规模效应，使形成国内价值链的各个城市可以依托巨大的国内市场发挥规模经济，同时，这种市场规模效应有利于一些城市由从事低端生产环节向从事高端生产环节转变，而且会放大本土市场效应；最后，大国内部统一的国内价值链可以充分发挥“节点城市”的节点作用。进一步地，本章对中国在大国战略下构建国内价值链的可行性进行了分析，发现中国城市走大国战略之路，建立统一的国内价值链，并依托这种国内价值链来促进各个城市的共同发展是完全行得通的。其中，东部地区发展“节点城市”，通过其节点作用来提高城市间内生的交易效率对国内价值链的形成具有显著作用，但是，这是一个循序渐进的过程。而且，利用大国优势，中国城市走大国战略之路来实现其在全球价值链下的发展可以突破发展困境。

依据大国战略，本章提出了中国城市在全球价值链下发展的总体思路，即通过外部力量提高外生的城市间交易效率，以促进城市间形成初始的价值链分工，然后充分发挥“节点城市”的节点作用来提高内生的城市间交易效率，以促进更大范围的各个城市之间形成价值链分工，在这过程中要特别注意充分利用节点作用的累积效应来不断提高内生的城市间交易效率，从而最终促成以各个城市作为空间载体的统一的国内价值链，以此充分利用大国优势来促进城市在全球价值链下的经济发展。

根据全球价值链下中国城市发展的总体思路，针对中国城市在融入全球价值链中经济发展的现状，本章提出了全球价值链下中国城市经济发展的具体路径：①通过外部力量最大限度地提高城市之间的外生交易效率，促进城市之间进行价值链分工，在这过程中特别要注意发挥城市群的作用，尤其要优先促进城市群内部各城市之间的价值链分工，在城市群内部构建统一的城市群价值链，并依托这种城市群价值链形成初始的“节点城市”；②充分利用“节点城市”的累积效应，促进东部三大城市群的“节点城市”发展成为全球城市，以此来显著提高城市之间内生的交易效率；③利用东部全球城市的节点作用提高其与中西部城市之间内生的交易效率，促进它们之间进行价值链分工，从而形成统一的国内价值链。

第9章

研究结论与未来研究方向

9.1 研究结论

本书借助新兴古典经济学的超边际分析方法，以分工演进为主线来研究城市形成与发展的内在机制，并具体从城市间分工的视角来厘清全球价值链的空间逻辑，从而进一步演绎出全球价值链下城市发展的一般规律。在此基础上，本书对中国城市在全球价值链下的经济发展进行了实证分析，并总结出中国城市在全球价值链下发展的具体情况，最后，针对中国城市在全球价值链下的发展提出了具体的路径。

总结全书，可以得到如下研究结论：

（1）遵循新兴古典城市化模型的建模思路，并参考其基础模型，运用超边际分析方法从分工演进的角度对城市形成与发展的内在机制进行了研究，发现随着工业品（服务）相互之间交易效率的不断提高，均衡的分工结构不断向高水平分工结构演进，最终使初始城市形成。当城市形成以后，城市发展依赖于分工组织的进一步演进，而分工演进受制于工业品（服务）相互之间的交易效率，以及工业品（服务）和农产品之间的交易效率。但在这过程中，当工业品（服务）和农产品之间的交易效率提高到一定程度时，它可以弥补较低的工业品（服务）相互之间的交易效率，从而使初始城市的形成所要求的均衡分工结构在交易率较低时也能够出现。进一步，通过理论分析发现，城市转型需要分工演进推进城市之间的重新分工。

（2）在探索全球价值链的空间逻辑的过程中，本书在构建模型时把研发商和品牌商进行了分离处理，由此构建了模型1和模型2。通过模型1的分析发现，制造商与研发商空间分离的一个重要动力是根据自身生产环节所要求的比较优势寻找满足条件的城市，但是，只有城市间交易效率足够高，使经济主体利用各个城市比较优势所获得的收益足够弥补城市间交易成本时，它们之间的空间分离才会形成。同时本书还发现，它们之间的空间分离既可以在企业内部完成，也可以通过市场来实现，它们的选择依赖于企业内、外部城市间交易效率的高低，具体为，企业内部城市间交易效率越高，一体化企业的空间分离则越可能出现，反之亦是。通过模型2的分析发现，随着制造产品和品牌服务的城市间交易效率的充分提高，制造环节和营销环节的城市间分工将出现，从而形成制造商和品牌商的空间分离。其中，引起这种空间分离的重要动力有两个：一是发挥各个城市的比较优势；二是充分利用制造环节和营销环节之间的分工所形成的专业化经济。

（3）在厘清全球价值链空间逻辑的基础上，本书探索了全球价值链下城市发展的内在机制，发现在全球价值链下，如果一个城市不断提高它与处于全球价值链中的城市之间的交易效率，通过与其形成价值链分工来融入全球价值链，那么，这将促进该城市更快的经济发展，引起这一结果的动力有三个：其一，在全球价值链下，各个城市按照自己的比较优势来选择自己从事的生产环节可以充分发挥自身的比较优势，并通过价值链分工来充分利用对方的比较优势；其二，在全球价值链下，城市之间的价值链分工有利于各个城市专业化水平的提高，从而利用由此产生的专业化经济，且这种专业化经济可以惠及其中的所有城市；其三，在全球价值链下，城市之间进行价值链分工有利于各个城市利用规模经济。

在此基础上，本书进一步发现，只有城市间实现了价值链分工，依托统一的全球价值链的城市系统才会形成，城市系统中的每个城市才可最大限度地提高自己生产环节的生产效率，以及减少在自己生产环节上付出的固定学习成本，从而最大限度地提高整条价值链的生产效率和降低整条价值链的固定学习成本，强化整个城市系统的竞争优势，并反过来促进整个城市系统中每个城市的发展。同时，本书也探索了全球价值链下的城市转型，发现融入全球价值链的发展中国家城市难以仅仅依托与发达国家城市形成价值链分工进行转型，只有进一步与国内其他城市进行价值链分工才可能实现转型。

（4）以新兴古典经济学的视角解析全球价值链分工下城市间分享经济的微观机制，并在此基础上演绎出城市发展的相关政策含义。研究发现，城市间分享经济来源于对方城市中个人在生产产品时的专业化经济，且随着专业化经济程度的提高而增加，但其产生需要城市间进行分工，而城市间分工的形成必须要求城市间交易成本系数减小到一定的临界值。在这过程中，城市间分享经济的增加可使城市间分工所要求的城市间交易成本系数减小的幅度更小。为了充分发挥城市间分享经济的作用，城市间关系应该更多地体现为分工合作的关系，具体的政策措施需要从促进城市间形成分工协作的方面来展开，目的是充分发挥城市间分享经济的作用。

（5）根据全球价值链下城市发展的内在机制，本书对中国城市在全球价值链下的发展进行了实证分析，发现融入全球价值链程度的提高确实有利于中国城市的经济发展，促进这一经济发展的主要因素也确实包括比较优势的发挥，以及通过价值链分工所形成的专业化经济和规模经济，同时也发现，中国城市参与全球价值链中的价值链分工是建立在它们与处于全球价值链中城市之间的交易效率不断提高的基础上的。进一步地，本书以中国香港为例对全球价值链下的城市转型进行了实证分析，发现香港与内陆城市之间的交易效率的提高是促进香港城市转型的原因。然而，与香港自身的节点作用相比，城市间交易效率的作用相对较小，且具有短时性，香港的城市转型更多的是依靠节点作用的累积效应。也就是说，城市间交易效率的作用主要表现在促进香港与内陆城市进行初始的价值链分工，一旦这种价值链分工引起香港自身的节点作用，这种节点作用就可以通过累积效应来加速香港的城市转型。

（6）通过综合分析中国城市在全球价值链下发展的具体情况，发现中国城市在融入全球价值链的过程中形成了多个方面的困境：首先，中国城市在融入全球价值链的过程中，中西部城市基本被甩在全球价值链之外，造成东部城市与中西部城市之间难以进行价值链分工，从而限制了它们之间统一价值链的形成，进而使依托统一价值链的国内城市系统难以形成；其次，东部城市利用国际代工融入全球价值链的方式不仅限制了它们之间进行价值链分工，而且加剧了它们之间的竞争，从而抑制了东部地区形成具有统一价值链的“城市群价值链”；最后，中国城市融入全球价值链的方式不利于在国内的一些中心城市发展成为全球城市，而全球城市的节点作用对其他一般城市（主要针对中西部地区的一些城市）融入全球价值链起着决定性的作用。

（7）作为发展中国家的大国来说，中国在全球价值链下通过构建国内价值链来促进城市的经济发展具有内在的大国优势：首先，相对于国家之间的全球价值链，大国内部统一的国内价值链更易于形成，同时，具有较高的完整性，且风险较小；其次，大国内部统一的国内价值链可以引起较强的市场规模效应，使形成国内价值链的各个城市可以依托巨大的国内市场发挥规模经济，同时，这种市场规模效应有利于一些城市由从事低端生产环节向从事高端生产环节转变，且还会放大本土市场效应；最后，大国内部统一的国内价值链可以充分发挥“节点城市”的节点作用。进一步地，本书对中国在大国战略下构建国内价值链的可行性进行了分析，发现中国城市走大国战略之路，建立统一的国内价值链，并依托这种国内价值链来促进各个城市的共同发展是完全行得通的，但是，这是一个循序渐进的过程。其中，东部地区发展“节点城市”，通过其节点作用来提高内生城市间交易效率对国内价值链的形成具有显著作用。另外，利用大国优势，中国城市走大国战略之路来实现其在全球价值链下的发展可以突破发展困境。

（8）根据本书的相关研究结论，本书提出了中国城市在全球价值链下发展的总体思路，即通过外部力量提高外生的城市间交易效率，以促进城市间形成初始的价值链分工，然后充分发挥“节点城市”的节点作用来提高内生的城市间交易效率，以促进更大范围的各个城市之间形成价值链分工。在这过程中，要特别注意充分利用节点作用的累积效应来不断提高内生的城市间交易效率，从而最终促成以各个城市作为空间载体的统一的国内价值链，以此充分利用大国优势来促进城市在全球价值链下的经济发展。

（9）依据全球价值链下中国城市发展的总体思路，针对中国城市在融入全球价值链中经济发展的现状，本书提出了全球价值链下中国城市经济发展的具体路径：通过外部力量最大限度地提高城市之间的外生交易效率，促进城市之间进行价值链分工，在这过程中要特别注意发挥城市群的作用，尤其要优先促进城市群内部各城市之间的价值链分工，在城市群内部构建统一的城市群价值链，并依托这种城市群价值链形成初始的“节点城市”；充分利用“节点城市”的累积效应，促进东部三大城市群的“节点城市”发展成为全球城市，以此来显著提高城市之间内生的交易效率；利用东部全球城市的节点作用提高其与中西部城市之间内生的交易效率，促进它们之间进行价值链分工，从而形成统一的国内价值链。

9.2 未来研究方向

尽管笔者力求使本书尽善尽美，但是由于研究能力的不够以及相关数据的缺乏，本书在以下几个方面有待于进一步的研究。

首先，由于内容的限制、研究方法的不足以及相关数据的缺失，本书对全球价值链下城市发展的大国战略的研究并没有形成内在统一的理论框架，只是进行了初步的探索。但是，对于作为发展中国家的中国来说，这一问题肯定是一个重大课题，需要理论界进行全面的研究，因此，该课题是本书接下来迫切需要研究的方向。

其次，在构建理论模型时，本书既把产品间分工和产品内分工进行分离处理，又把研发商和品牌商进行分离处理。但是，从产品间分工向产品内分工的演进是分工组织演化的内生路径，我们不能外生地去处理它们；研发商和品牌商分别对应研发环节和营销环节，这两个环节和制造环节共同组成了内在统一的全球价值链，同样，我们也不能主观地把它们分开纳入相互独立的模型。因此，把产品间分工和产品内分工统一在一个模型框架下，以及建立统一的模型来分析全球价值链各个生产环节的内在联系，理所当然是本书有待研究的方向。

最后，在实证研究中，本书存在诸多方面的不足：一是由于数据的不可获得性，本书没有直接测算具体的交易效率系数，这自然影响本书实证结果；二是对于城市转型的研究，只是选择中国香港为例，这给人以“只见树木不见树林”的感觉；三是由于数据的缺乏，本书对城市发展指标的选择更多地体现在经济增长方面，所以本书的实证研究忽视了城市发展的其他方面。因而，这些不足需要进一步的研究进行弥补。

参 考 文 献

[1] 巴顿. 城市经济学 [M]. 上海社会科学院部门经济研究所城市经济研究室，译. 北京：商务印书馆，1986.

[2] 克鲁格曼. 发展、地理学与经济理论 [M]. 蔡荣，译. 北京：北京大学出版社、中国人民大学出版社，2000.

[3] 波特. 竞争论 [M]. 戴春平，译. 北京：中信出版社，2003.

[4] 薄文广. 外部性与产业增长：来自中国省级面板数据的研究 [J]. 中国工业经济，2007 (1)：37—44.

[5] 蔡昉，王德文，曲玥. 中国产业升级的大国雁阵模型分析 [J]. 经济研究，2009 (9)：4—14.

[6] 蔡昉，王德文，王美艳. 工业竞争力与比较优势：WTO 框架下提高我国工业竞争力的方向 [J]. 管理世界，2003 (2)：58—70.

[7] 曹红柳，陈文. 全球金融危机下香港服务业竞争力探研 [J]. 国际经贸探索，2010，26 (7)：37—43.

[8] 曹力维，易峥，何波. 产业转移与重庆市产业发展路径研究 [J]. 城市规划，2010. 34 (2)：84—88.

[9] 陈宏辉，罗兴. “贴牌”是一种过时的战略选择吗：来自广东省制造型企业的实证分析 [J]. 中国工业经济，2008 (1)：96—104.

[10] 陈耀，冯超. 贸易成本、本地关联与产业集群迁移 [J]. 中国工业经济，2008 (3)：76—83.

[11] 迪肯. 全球性转变：重塑 21 世纪的全球经济地图 [M]. 刘卫东，等译. 北京：商务印书馆，2007.

[12] 范剑勇. 产业集聚与地区劳动生产率差异 [J]. 经济研究，2006 (11)：72—81.

[13] 高帆. 交易效率的测度及其跨国比较：一个指标体系 [J]. 财贸经济，2007 (5)：104—110.

[14] 高帆. 论二元经济结构的转化趋向 [J]. 经济研究，2005 (9)：91—102.

［15］顾朝林，陈璐．从长三角城市群看上海全球城市建设［J］．地域研究与开发，2007，26（1）：1—5．

［16］赫希．城市经济学［M］．刘世庆，等译．北京：中国社会科学出版社，1990．

［17］黄璜．全球化视角下的世界城市网络理论［J］．人文地理，2010（4）：18—24．

［18］江静，刘志彪．世界工厂的定位能促进中国生产性服务业发展吗［J］．经济理论与经济管理，2010（3）：62—68．

［19］江静，刘志彪．政府公共职能缺失视角下的现代服务业发展探析［J］．经济学家，2009（9）：31—38．

［20］江曼琦．公共产品投入共享、交易成本节约与城市起源［J］．华中师范大学学报（人文社会科学版），2007，46（5）：43—48．

［21］金碚，李钢，陈志．加入 WTO 以来中国制造业国际竞争力的实证分析［J］．中国工业经济，2000（10）：5—14．

［22］金碚．世界分工体系中的中国制造业［J］．中国工业经济，2003（5）：5—14．

［23］金芳．世界生产体系变革的当代特征及其效应［J］．世界经济研究，2007（7）：3—8．

［24］金煜，陈钊，陆铭．中国的地区工业集聚：经济地理、新经济地理与经济政策［J］．经济研究，2006（4）：79—89．

［25］柯善咨．扩散与回流：城市在中部崛起中的主导作用［J］．管理世界，2009（1）：61—71．

［26］勒施著．经济空间秩序：经济财货与地理间的关系［M］．王守礼，译．北京：商务印书馆，1995．

［27］李金滟．城市集聚：理论与证据［D］．武汉：华中科技大学，2008．

［28］李凯，刘涛，曹广忠．城市群空间集聚和扩散的特征与机制：以长三角城市群、武汉城市群和成渝城市群为例［J］．城市规划，2016，40（2）：18—26．

［29］李培．中国城市间的分工效应研究［J］．财经研究，2008，34（4）：72—81．

［30］刘林青，李文秀，张亚婷．比较优势、FDI 和民族产业国际竞争力：“中国制造”国际竞争力的脆弱性分析［J］．中国工业经济，2009（8）：47—57．

［31］刘林青，谭力文，施冠群．租金、力量和绩效：全球价值链背景下

对竞争优势的思考［J］. 中国工业经济，2008（1）：50—58.

［32］刘志彪，于明超. 从 GVC 走向 NVC：长三角一体化与产业升级［J］. 学海，2009（5）：59—67.

［33］刘志彪，张少军. 中国地区差距及其纠偏：全球价值链和国内价值链的视角［J］. 学术月刊，2008（5）：49—55.

［34］刘志彪，张少军. 总部经济、产业升级和区域协调：基于全球价值链的分析［J］. 南京大学学报（哲学·人文科学·社会科学），2009（6）：54—62.

［35］刘志彪. 从代工到品牌创新战略：长三角地区制造业的产业升级［J］. 中国质量与品牌，2006（3）：35—38.

［36］刘志彪. 服务业外包与中国新经济力量的战略崛起［J］. 南京大学学报（哲学·人文科学·社会科学），2007（4）：49—58.

［37］刘志彪. 全球化背景下中国制造业升级的路径与品牌战略［J］. 财经问题研究，2005（5）：25—31.

［38］卢锋. 产品内分工［M］. 经济学（季刊），2004，4（1）：55—82.

［39］卢福财，胡平波. 网络租金及其形成机理分析［J］. 中国工业经济，2006（6）：84—90.

［40］鲁明泓. 制度因素与国际直接投资区位分布：一项实证研究［J］. 经济研究，1999（7）：57—66.

［41］吕拉昌. 全球城市理论与中国的国际城市建设［J］. 地理科学，2007（4）：449—456.

［42］马小宁. 全球性城市理论及其对我国城市发展的启示［J］. 河南社会科学，2008，16（1）：70—71.

［43］马野青. 产品内分工视角的中国外贸顺差及其利益分析［J］. 世界经济与政治论坛，2010（1）：27—36.

［44］庞春. 为什么交易服务中间商存在？内生分工的一般均衡分析［J］. 经济学（季刊），2009，8（2）：583—610.

［45］庞春. 一体化、外包与经济演进：超边际：新兴古典一般均衡分析［J］. 经济研究，2010（3）：114—128.

［46］裴长洪，樊瑛. 利用外资仍要坚持数量与质量并重［J］. 中国工业经济，2008（3）：5—13.

［47］裴长洪，李程骅. 论我国城市经济转型与服务业结构升级的方向［J］. 南京社会科学，2010（1）：15—21.

［48］裴长洪. 中国开放型经济建立的经验分析：对外开放 30 年的总结［J］. 财经问题研究，2009（2）：3—10.

[49] 钱学锋，梁琦．分工与集聚的理论渊源［J］．江苏社会科学，2007（2）：70—76.

[50] 乔休多夫斯基．20世纪晚期的全球化贫困［J］．国外社会科学，2000（6）：45—49.

[51] 邱斌，尹威．中国制造业出口是否存在本土市场效应［J］．世界经济，2010（7）：44—63.

[52] 萨森．城市的专业化差异在今天的全球经济中至关紧要［J］．国际城市规划，2011，26（2）：27—33.

[53] 萨森．新型空间形式：巨型区域和全球城市［J］．国际城市规划，2011，26（2）：34—43.

[54] 盛丹，王永进．契约执行效率能够影响FDI的区位分布吗？［J］．经济学（季刊），2010，9（4）：1239—1260.

[55] 斯密．国民财富的性质和原因的研究（上卷）［M］．郭大力，王亚南，译．北京：商务印书馆，1964.

[56] 宋金平，蒋一军，王亚东．全球化对城市发展的影响与启示［J］．城市问题，2008（4）：30—30.

[57] 苏雪串．论世界城市的经济功能［J］．学习与实践，2009（4）：35—39.

[58] 隋广军，郭南芸．东部发达城市产业转移的角色定位：广州证据［J］．改革，2008（10）：46—52.

[59] 谭力文，马海燕，刘林青．服装产业国际竞争力：基于全球价值链的深层透视［J］．中国工业经济，2008（10）：64—74.

[60] 唐海燕，张会清．产品内国际分工与发展中国家的价值链提升［J］．经济研究，2009（9）：81—93.

[61] 唐海燕，张会清．中国在新型国际分工体系中的地位：基于价值链视角的分析［J］．国际贸易问题，2009（2）：18—26.

[62] 汪建成，毛蕴诗，邱楠．由OEM到ODM再到OBM的自主创新与国际化路径：格兰仕技术能力构建与企业升级案例研究［J］．管理世界，2008（6）：148—160.

[63] 王志刚．面板数据模型及其在经济分析中的应用［M］．北京：经济科学出版社，2008.

[64] 文东伟．FDI、对外贸易与中国区域产业发展［M］．北京：中国经济出版社，2009.

[65] 谢守红．经济全球化与世界城市的形成［J］．国外社会科学，2003（3）：18—21.

［66］徐豪，王红茹，银昕. 从省会城市到国家中心城市谁会成为“国家中心城市”［J］. 中国经济周刊，2017（7）：16—25.

［67］徐康宁，冯伟. 基于本土市场规模的内生化产业升级：技术创新的第三条道路［J］. 中国工业经济，2010（11）：58—67.

［68］许德友，梁琦. 中国对外双边贸易成本的测度与分析：1981—2007年［J］. 数量经济技术经济研究，2010（1）：119—140.

［69］许南，李建军. 国际金融危机与中国加工贸易转型升级分析：基于全球生产网络视角［J］. 财贸经济，2010（4）：98—106.

［70］许治，焦秀焕，朱桂龙. 国家中心城市技术扩散与区域经济增长：以北京、上海为例［J］. 科研管理，2013，34（4）：16—23.

［71］雅各布斯. 城市经济［M］. 项婷婷，译. 北京：中信出版社，2007.

［72］杨丹辉. 中国成为“世界工厂”的国际影响［J］. 中国工业经济，2005（9）：42—49.

［73］杨小凯，黄有光. 专业化与经济组织［M］. 北京：经济科学出版社，1993.

［74］杨小凯，张永生. 新兴古典经济学和超边际分析［M］. 北京：中国人民大学出版社，2000.

［75］杨小凯. 发展经济学［M］. 北京：社会科学文献出版社，2003.

［76］杨小凯. 经济学原理［M］. 北京：中国社会科学出版社，1998.

［77］姚士谋，李青，陈振光，等. 上海与香港国际化大都市发展前景研究［J］. 地域研究与开发，2010，29（2）：44—48.

［78］伊文思. 城市经济学［M］. 甘士杰，译. 上海：上海远东出版社，1992.

［79］俞荣建. 全球价值链升级视角下长三角国际代工产业自主价值体系构建［J］. 商业经济与管理，2009（11）：53—58.

［80］俞肇熊，王坤. CEPA对香港和内地经济的影响与发展前景［J］. 世界经济研究，2007（6）：80—88.

［81］曾铮. 全球工序分工与贸易研究：基于新兴市场国家视角的理论和中国经验［D］. 北京：中国社会科学院，2009.

［82］张鸿雁. 全球城市价值链理论建构与实践创新论：强可持续发展的中国城市化理论重构战略［J］. 社会科学，2011（10）：69—77.

［83］张辉. 全球价值链理论与我国产业发展研究［J］. 中国工业经济，2004（5）：38—46.

［84］张紧跟. 从多中心竞逐到联动整合：珠江三角洲城市群发展模式转

型思考［J］. 城市问题，2008（1）：34—39.

［85］张少军，刘志彪. 全球价值链模式的产业转移：动力、影响与对中国产业升级和区域协调发展的启示［J］. 中国工业经济，2009（11）：5—15.

［86］张松林，郑好青，周鸿勇. 专业化分工视角下城市间分享经济：定义、形成机制与政策含义［J］. 北京理工大学学报（社会科学版），2019（4）：120—126.

［87］张向阳，朱有为. 基于全球价值链视角的产业升级研究［J］. 外国经济与管理，2005，27（5）：21—27.

［88］张岩贵，陈晓燕. 全球价值链与中国制造［J］. 世界经济研究，2009（10）：8—13.

［89］张艳，刘亮. 经济集聚与经济增长：基于中国城市数据的实证分析［J］. 世界经济文汇，2007（1）：48—56.

［90］张宇. 空间经济视角下的外资依赖与中国经济增长［J］. 经济学（季刊），2010，9（4）：1211—1238.

［91］赵红军. 从演进经济学视角解读城市形成原因［J］. 城市问题，2006（1）：7—10.

［92］赵璟，党兴华. 城市整体交易效率与中国城市间竞争分析［J］. 城市问题，2007（9）：69—73.

［93］赵曦，司林杰. 城市群内部"积极竞争"与"消极合作"行为分析：基于晋升博弈模型的实证研究［J］. 经济评论，2013（5）：79—88.

［94］郑海涛，任若恩. 多边比较下的中国制造业国际竞争力研究：1980—2004［J］. 经济研究，2005（12）：77—89.

［95］中国社会科学院研究生院城乡建设经济系. 城市经济学［M］. 北京：经济科学出版社，1999.

［96］周勤，周绍东. 产品内分工与产品建构陷阱：中国本土企业的困境与对策［J］. 中国工业经济，2009（8）：58—67.

［97］周伟林，严冀，等. 城市经济学［M］. 上海：复旦大学出版社，2004.

［98］周振华. 崛起中的全球城市：理论框架及中国模式研究［M］. 上海：上海人民出版社，格致出版社，2008.

［99］DIEZ J R，SCHILLER D，MEYER S. 探讨香港—珠江三角洲的联系：跨界的制度多样性如何促进电子企业的竞争力［J］. 南方经济，2010（5）：69—80.

［100］FRIEDMANN J. 规划全球城市：内生式发展模式［J］. 城市规划汇刊，2004（4）：3—7.

[101] LEVER W F. 在竞争与合作中创建世界城市：以苏格兰中部地区城市为例 [J]. 南京社会科学，2010 (9)：14—21.

[102] AMITI M, JAVORCIK B S. Trade costs and location of foreign firms in china [J]. Journal of Development Economics, 2008, 85 (1 - 2): 129 - 149.

[103] ANTRÀS P, HELPMAN E. Global sourcing [J]. Journal of Political Economy, 2004, 112 (3): 552 - 580.

[104] ANTRÀS P. Firms, contracts, and trade structure [J]. Quarterly Journal of Economics, 2003, 118 (4): 1375 - 1418.

[105] ARNDT W. Globalization and the open economy [J]. The North American Journal of Economics and Finance, 1997, 8 (1): 71 - 79.

[106] ARROW K J. The economic implications of learning by doing [J]. Review of Economic Studies, 1962, 29 (3): 155 - 177.

[107] AU C C, Henderson J V. How migration restrictions limit agglomeration and productivity in China [J]. Journal of Development Economics, 2006, 80 (2): 350 - 388.

[108] BAZAN L, NAVAS - ALEMÀN L. Upgrading in global and national value chains: recent challenges and opportunities for the Sinos Valley footwear cluster, Brazil [R] . Novara: EADI's Workshop, 2003.

[109] BEAVERSTOCK J V, SMITH R G, TAYLOR P J. A roster of world cities [J]. Cities, 1999, 16 (6): 445 - 458.

[110] DERUDDER B, WITLOX F, FAULCONBRIDGE J, et al. Airline data for global city network research: reviewing and refining existing approaches [J]. GeoJournal, 2008, 71 (1): 5 - 18.

[111] BROWN E, DERUDDER B, PARNREITER C, et al. Spatialities of globalization: towards an integration of research on world city networks and global commodity chains. [R/OL]. http: //www. lboro. ac. uk/gawc/rb/rb151. html.

[112] BROWN E, TAYLOR P J, CATALANO G. Beyond world cities: central america in a space of flows [J]. Area, 2002, 34 (2): 139 - 148.

[113] CASTELLS M. The rise of network society [M]. Oxford: Blackwell, 1996.

[114] CASTELLS M. The informational city [M]. London: Blackwell, 1989.

[115] CHENG W, ZHANG D. Domestic and global sourcing [J]. Division of Labor & Transaction Costs, 2006, 2 (1): 37 - 53.

[116] CICCONE A, HALL R. Productivity and the density of economic activity [J]. American Economic Review, 1996, 86 (1): 54 - 70.

[117] CICCONE A. Agglomeration effects in Europe [J]. European Economic Review, 2002, 46 (2): 213 -227.

[118] CROZET M, TRIONFETTI F. Trade costs and the home market effect [J]. Journal of International Economics, 2008, 76 (2): 309 -321.

[119] DERUDDER B, DEVRIENDT L, WITLOX F. Flying where you don't want to Go: an empirical analysis of hubs in the global airline network [J]. Tijdschrift voor Economische en Sociale Geografie, 2007, 98 (3): 307 -324.

[120] DERUDDER B, TAYLOR P J, WITLOX F, et al. Hierarchical aendencies and regional patterns in the world city network: a global urban analysis of 234 cities [J]. Regional Studies, 2003, 37 (9): 875 -886.

[121] DICKEN P, KELLY P F, OLDS K, et al. Chains and networks, territories and scales: Towards a relational framework for analysing the global economy [J]. Global Networks, 2001, 1 (2): 89 -112.

[122] DRENNAN M P. The dominance of international finance by London, New York and Tokyo [M] //DANIELS P W, LEVER W F. The Global Economy in Transition. Harolw: Addison Wesley Longman, 1996: 352 -371.

[123] DRISCOLL J C, KRAAY A C. Consistent covariance matrix estimation with spatially dependent panel data [J] . Review of Economics and Statistics, 1998, 80 (4): 549 -560.

[124] DYER J H, SINGH H. The relational view: cooperative strategy and sources of Inter - organizational competitive advantage [J]. Academy of Management Journal, 1998, 23 (4): 660 -679.

[125] FINGER J M. Tariff provisions for offshore assembly and the exports of developing countries [J]. The Economic Journal, 1975, 85 (338): 365 -371.

[126] FRIEDMANN J. The world city hypothesis [J]. Development and Change, 1986, 17 (1): 69 -84.

[127] FRIEDMANN J. Where we stand: a decade of world city research [M] //KNOX P L, TAYLOR P J. world cities in a world - system. Cambridge: Cambridge University Press, 1995: 21 -47.

[128] FUJITA M, KRUGMAN P. When is the economy monocentric?: Von Thünen and Chamberlin unified [J]. Regional Science and Urban Economics, 1995, 25 (4): 505 -528.

[129] GEREFFI G, HUMPHREY J, STURGEON T. The governance of global value chains [J]. Review of International Political Economy, 2005, 12 (1): 78 -104.

[130] GEREFFI G, KORZENIEWICZ M. Commodity chains and global capitalism [M]. London: Praeger, 1994.

[131] GEREFFI G, MEMEDOVIC O. The global apparel value chain: what prospects for upgrading by developing countries [R] United Nations Industrial Development Organization, 2003.

[132] GEREFFI G. Global production systems and third world development [M]. Cambridge: Cambridge University Press, 2002.

[133] GRAHAM S. Global grids of glass: on global cities, telecommunications and planetary urban networks [J]. Urban Studies, 1999, 36 (5): 929 -949.

[134] GROSSMAN G, HELPMAN E. Outsourcing in a global economy [J]. Review of Economic Studies, 2005, 72 (1): 135 -159.

[135] HALL P. The global city [J]. International Social Science Journal, 1996, 48 (147): 15 -24.

[136] HANSON G, MATALONI Jr. R, SLAUGHTER M. Vertical production networks in multinational firms [J]. Review of Economics and Statistics, 2005, 87 (4): 664 -678.

[137] HELLEINER G K. Manufactured exports from less - developed countries and multinational firms [J]. The Economic Journal, 1973, 83 (329): 21 -47.

[138] HENDERSON J. Danger and opportunity in the Asia - Pacific [M] // THOMPSON G. Economic dynamism in the Asia - Pacific. London: Routledge, 1998: 356 -384.

[139] MATSUMOTO M. International air network structures and air traffic density of world cities [J]. Transportation Research Part E, 2007, 43 (3): 269 - 282.

[140] HOBDAY M. The electronics industries of the Asia - pacific: exploiting international production networks for economic development [J]. Asian - Pacific Economic Literature, 2001, 15 (1): 13 -29.

[141] HUMPHREY J, SCHMITZ H. Chain governance and upgrading: taking stock [M] // SCHMITZ H. Local enterprises in the global economy: issues of governance and upgrading. Cheltenham: Elgar, 2004: 349 -381.

[142] HUMPHREY J, SCHMITZ H. How does insertion in global value chains affect upgrading in industrial clusters [J]. Regional Studies, 2002, 9 (36): 1017 - 1027.

[143] JAVORCIK B S. The composition of foreign direct Investment and protection of intellectual property rights: evidence from transition economies [J]. Eu-

ropean Economic Review, 2004, 48 (1): 39 - 62.

[144] JEAN C Oi. Reform and urban bias in china [J]. Journal of Development Studies, 1993, 29 (4): 129 - 148.

[145] RUTHERFORD J, GILLESPIE A, RICHARDSON R. The territoriality of pan - eeuropean telecommunications backbone networks [J]. Journal of Urban Technology, 2004, 11 (3): 1 - 34.

[146] JONES R W, KIERZKOWSKI H. The role of services in production and international trade: a theoretical framework [M] //JONES R W, KRUEGER A. The Political Economy of International Trade. Oxford: Basil Blackwell, 1990.

[147] JONES R, KIERZKOWISKI H. A framework for fragmentation [M] // ARNDT S, KIERZKOWSKI H. Fragmentation: New Production Patterns in The World Economy. Oxford: Oxford University Press, 2001: 17 - 34.

[148] KAPLINSKY R, MORRIS M. A handbook for value chain research [R]. Institute of Development Studies, 2001.

[149] KAPLINSKY R, MORRIS M. Governance matters in value chains [J]. Developing Alternatives, 2003, 9 (1): 11 - 18.

[150] KAPLINSKY R. Globalization and unequalisation: what can be learned from value chain analysis [J]. Journal of Development Studies, 2000, 37 (2): 117 - 146.

[151] KRUGMAN P. Scale economies, product differentiation, and the pattern of trade [J]. The American Economic Review, 1980, 70 (5): 950 - 959.

[152] LEE R, SCHMIDT - MARWEDE U. Interurban competition? financial centres and the geography of production [J]. International Journal of Urban and Regional Research, 1993, 17 (4): 492 - 515.

[153] LUCAS R E. On the mechanics of economic development [J]. Journal of Monetary Economics, 1988, 22 (1): 3 - 42.

[154] MLIECKI E J. The Economic Geography of the Internet's infrastructure [J]. Economic Geography, 2002, 78 (4): 399 - 424.

[155] MEYER L H. The present and future roles of banks in small business finance [J]. Journal of Banking & Finance, 1998, 22 (6 - 8): 1109 - 1116.

[156] MILLS E, HAMILTON B W. Urban economics [M]. 4th ed. Glenview: Scott, Foresman and Company, 1989.

[157] CATTAN N. Attractivity and internationalisation of major european cities: The Example of Air Traffic [J]. Urban Studies, 1995, 32 (2): 303 - 312.

[158] NOVY D. Is the iceberg Melting less quickly: international trade costs

after world war Ⅱ [R]. Warwickshire: University of Warwick. 2006.

[159] O'CONNOR K. Global city regions and the location of logistics activity [J]. Journal of Transport Geography, 2010, 18 (3): 354 - 362.

[160] PARNREITER C. Global city formation in latin america: socioeconomic and spatial transformations in mexico city and santiago de chile. [R/OL]. http://www.lboro.ac.uk/gawc/rb/rb103.html.

[161] PARNREITER C. Mexico: The making of a global city? [M] //SASSEN S. Global Networks - Linked Cities. London: Routledge, 2002: 145 - 182.

[162] POON T S C. Beyond the global production networks: a case of further upgrading of Taiwan's information technology industry [J]. Technology and Globalisation, 2004, 1 (1): 130 - 145.

[163] REED H C. Financial centers hegemony, interest rates, and the global political economy [M] //PARK Y S, EASSAYYAD M. International banking and financial centers. Boston: Kluwer Academic Publishers, 1989: 247 - 268.

[164] REED H C. The pre - eminence of international financial centers [M]. New York: Praeger, 1981.

[165] ROMER P. Increasing returns and long - run growth [J]. Journal of Political Economy, 1986, 94 (5): 1002 - 1037.

[166] ROSSI E C, TALlOR P J. Banking networks across Brazilian cities: interlocking cities within and beyond Brazil [J]. Cities, 2005, 22 (5): 381 - 393.

[167] BALDONE S, SDOGATI F, TAJOLI L. On some effects of international fragmentation of production on comparative advantages, trade flows and the income of countries [J]. The World Economy, 2007, 30 (11): 1726 - 1769.

[168] SASSEN S. On concentration and centrality in the global city [M] //KNOX P L, TAYLOR P J. World cities in a world - system. cambridge: Cambridge University Press, 1995: 63 - 78.

[169] SASSEN S. The global city: new york, london, tokyo [M]. New Jersey: Princeton University Press, 1991.

[170] SCOOT A J, AGNEW J, SOJA E W, et al. Global city regions [M] //SCOTT A J. Global City Regions: Trends, Theory, Policy. Oxford: Oxford University Press, 2001: 11 - 30.

[171] SCOTT A J, Globalisation and the rise of city - regions [J]. European Planning Studies, 2001, 9 (7): 813 - 826.

[172] SCOTT A J. Global city regions [M]. New York: Oxford University Press, 2001.

[173] SIMON D. World city hypothesis: reflections from the periphery [M] // KNOX P L, TAYLOR P J. World cities in a world - system. Cambridge: Cambridge University Press, 1995: 132 - 155.

[174] SMITH D A, TIMBERLAKE M A. World city networks and hierarchies, 1977 - 1997: an empirical analysis of global air travel links [J]. American Behavioral Scientist, 2001, 44 (10): 1656 - 1678.

[175] SWENSON D L. Overseas assembly and country sourcing choices [J]. Journal of International Economics, 2005, 66 (1): 107 - 130.

[176] TAYLOR P J, DERUDDER B. Porous europe: european cities in global urban arenas [J]. Tijdschrift voor Economische en Sociale Geografie, 2004, 95 (5): 527 - 538.

[177] TAYLOR P J. Specification of the world city network [J]. Geographical Analysis, 2001, 33 (2): 181 - 194.

[178] TAYLOR P J. World city network: a global urban analysis [M]. London: Routledge, 2004.

[179] TEECE D J, PISANO B, SHUEN A. Dynamic capabilities and strategic management [J]. Strategic Management Journal, 1997, 18 (7): 509 - 533.

[180] TOWNSEND A M. Network cities and the global structure of the internet [J]. American Behavioral Scientist, 2001, 44 (10): 1697 - 1716.

[181] UZAWA H. Optimum technical change in an aggregative model of economic growth [J]. International Economic Review, 1965, 6 (1): 18 - 31.

[182] VERNON R. International investment and international trade in the product cycle [J]. Quarterly Journal of Economics, 1966, 80 (2): 190 - 207.

[183] WARF B. Telecommunications and the changing geographies of knowledge transmission in the late 20th century [J]. Urban Studies, 1995, 32 (2): 361 - 378.

[184] WEI S J. How taxing is corruption on international investors? [J]. Review of Economics and Statistics, 2000, 82 (1): 1 - 11.

[185] YANG X, RICE R. An equilibrium model endogenizing the emergence of a dual structure between the urban and rural sectors [J]. Journal of Urban Economics, 1994, 35 (3): 346 - 368.

[186] YANG XIAO KAI, NG YEW - KWANG. Theory of the firm and structure of residual rights [J]. Journal of Economic Behavior & Organization, 1995, 26 (1): 107 - 128.

[187] YANG X. Development, structure change, and urbanization [J].

Journal of Development Economics, 1990, 34 (1 -2): 199 -222.

[188] YI KEI - MU. Can vertical specialization explain the growth of world trade? [J]. Journal of Political Economy, 2003, 111 (1): 52 -102.

[189] YOUNG A A. Increasing returns and economic progress [J]. The Economic Journal, 1928, 38 (152): 527 -542.

[190] ZOOK M A, BRUNN S D. Hierarchies, regions and legacies: european cities and global commercial passenger air travel [J]. Journal of Contemporary European Studies, 2005, 13 (2): 203 -220.